어린이를 위한
자연 백과사전

캐럴라인 빙엄 · 벤 모건 지음/ 최형선 옮김

비룡소

"A Dorling Kindersley Book"
www.dk.com

어린이를 위한 자연 백과사전

1판 1쇄 찍음 2007년 5월 23일
1판 1쇄 펴냄 2007년 8월 10일
지은이 캐럴라인 빙엄, 벤 모건 옮긴이 최형선
펴낸이 박상희 펴낸곳 (주)비룡소
출판등록 1994. 3. 17.(제16-849호)
주소 135-887 서울시 강남구 신사동 506 강남출판문화센터 4층
전화 영업(통신판매) 515-2000(내선 1) 팩스 515-2007
편집 3443-4318~9
홈페이지 www.bir.co.kr

DK FIRST REFERENCE: **NATURE ENCYCLOPEDIA**
Copyright © 2006 by Dorling Kindersley Limited, London
All rights reserved.

Korean Translation Copyright © 2007 by BIR
Korean Translation edition is published by arrangement with
Dorling Kindersley Limited, London.

이 책의 한국어판 저작권은 Dorling Kindersley Limited와
독점 계약한 (주)비룡소에 있습니다.
저작권법에 의해 한국 내에서 보호를 받는 저작물이므로
무단 전재와 무단 복제를 금합니다.

값 17,000원

ISBN 978-89-491-5212-7 73400

차례

살아 있는 세계
- 4-5 살아 있는 세계
- 6-7 세계의 서식지

극지방
- 8-9 극지방
- 10-11 냉장고 안에서 살아남기
- 12-13 북극 지방
- 14-15 남극 지방

숲
- 16-17 숲
- 18-19 활엽수림
- 20-21 숲의 밑바닥
- 22-23 침엽수림
- 24-25 숲에 사는 곰팡이
- 26-27 겨울나기
- 28-29 이상한 숲

우림
- 30-31 우림
- 32-33 나무갓
- 34-35 우림의 바다
- 36-37 희한한 개구리들
- 38-39 우림에 사는 곤충들
- 40-41 우림의 밤
- 42-43 우림을 흐르는 강
- 44-45 아시아의 정글

초원
- 46-47 초원
- 48-49 풀의 바다
- 50-51 풀을 먹는 동물과 잎을 먹는 동물

각 페이지의 맨 아래에는 재미난 퀴즈가 들어 있어요.

52-53	사냥꾼과 청소부
54-55	지하 세계
56-57	흰개미 왕국
58-59	초원의 생활
60-61	물웅덩이

사막

62-63	사막
64-65	사막 동물
66-67	사막 식물
68-69	오아시스
70-71	사막의 밤
72-73	소노란 사막

산과 동굴

74-75	산과 동굴
76-77	높은 산 속
78-79	시원한 동굴
80-81	세계의 지붕 히말라야 산맥
82-83	안데스 산맥

민물 서식지

84-85	민물 서식지
86-87	강과 냇물
88-89	민물 호수
90-91	연못
92-93	늪과 습지
94-95	플로리다 습지

바다 서식지

96-97	바다 서식지
98-99	바닷가
100-101	바위 웅덩이
102-103	산호초
104-105	바다에서 살아남기
106-107	약광층
108-109	심해
110-111	바다 위 얼음 나라
112-113	바다에 사는 포유류
114-115	위험한 바다
116-117	홍수림

농촌과 도시

118-119	농촌과 도시
120-121	집 밖에 사는 생물들
122-123	집 안에 사는 생물들

찾아보기

124-127	찾아보기

이렇게 활용하세요.

각 장의 머리글에서 서식지에 대한 설명을 먼저 읽은 후 각각의 생물에 대해 살펴보세요. 책 속에 숨은 장치들을 잘 활용하면 더욱 신나는 자연 탐험이 될 거예요.

'나는 누구일까요?'에서 사진의 일부를 보고 어떤 생물인지 알아맞혀 보세요.

주제와 연결된 페이지를 찾아봄으로써 자연 상식을 체계적으로 이해할 수 있어요.

서식지마다 각각 다른 색깔로 분류되어 있어서 탐험하는 곳이 어디인지 금방 알 수 있어요.

간단한 실험
집에서 스스로 해 볼 수 있는 간단한 활동들이 담겨 있어요.

살아 있는 세계

살아 있는 세계

자연은 수많은 생명들로 가득해요. 어떤 생물들이 살고 있는지 한번 들여다볼까요?

해바라기
꿀벌

식물

식물은 작은 꽃에서부터 아주 큰 나무에 이르기까지 매우 다양해요. 과학자들은 식물의 종류가 400,000가지 정도라고 생각하지만, 그보다 더 많을 수도 있어요.

자이언트레드우드

꽃

많은 식물들이 꽃을 피워요. 꽃은 동물이나 바람의 도움을 받아 꽃가루를 날리지요. 꽃가루가 암술머리에 닿아 가루받이가 이루어지면 씨앗이 만들어져요.

호접란

데이지

식물은 음식을 스스로 만들어 내요.

식물은 우리가 숨쉬는 산소를 만들어 내요.

생물이 지구에 살기

곰팡이

식물처럼 보이지만 곰팡이는 스스로 양분을 만들 수 없어요. 곰팡이는 동물과도 다르기 때문에 '균류'라고 부르지요.

버섯은 곰팡이의 한 종류예요.

척추 동물과 무척추 동물 중 어느 쪽이 더 숫자가 많을까요?

살아 있는 세계

동물

동물은 등뼈가 있는 척추 동물과 등뼈가 없어 꾸물꾸물 기어가는 무척추 동물로 나뉘어요.

시작한 건 25억 년 전부터예요.

척추 동물

척추 동물들은 다시 다섯 종류로 나뉘어요.

포유류는 새끼를 낳아 젖을 먹이는 동물이에요. 대부분은 땅 위에서 살지만 몇몇은 물속에서 살지요.

조류는 깃털이 있는 날개를 가지고 있어요. 대부분 날 수 있지만 펭귄처럼 날지 못하는 조류도 있어요.

파충류는 환경에 따라서 체온이 바뀌어요. 이런 동물을 '변온 동물'이라고 해요.

양서류는 땅 위와 물속을 오가며 생활해요. 양서류 역시 변온 동물이에요.

어류는 강이나 호수에 사는 종류도 있고 바다에서 사는 종류도 있어요. 또 강과 바다 사이를 왔다 갔다 하는 물고기도 있지요.

동물은 식물처럼 스스로 양분을 만들 수 없기 때문에 먹이를 찾아다녀요.

오늘날 지구에 살고 있는 동물은 대부분 무척추 동물이에요! 척추 동물은 전체 동물 중 9퍼센트 정도에 불과한 동물이에요.

세계의 서식지

세계의 서식지

세계에는 북극처럼 꽁꽁 얼어붙은 곳이 있는가 하면 열대 우림처럼 덥고 축축한 곳도 있어요. 생물들은 이렇게 다양한 환경에 적응해서 살아가지요.

북극곰

극지방
북극과 남극 주위는 온통 얼음뿐이에요. 하지만 이곳에도 얼음과 함께 수많은 동물들이 살아가고 있지요.

활엽수

숲
극지방과 적도 사이에는 온대 지방이 있어요. 봄, 여름, 가을, 겨울이 뚜렷한 이곳에는 활엽수와 침엽수 들이 자라지요.

나비

우림
적도 부근의 땅은 덥고 축축해요. 이곳에는 알록달록한 식물들과 동물들로 가득 찬 우림이 있어요.

얼룩말

초원
풀의 종류는 10,800여 가지나 돼요. 넓은 초원에는 풀을 먹는 초식 동물들과 이들을 잡아먹는 육식 동물들이 함께 살아요.

서식지란 무엇을 말할까요?

세계의 서식지

사막

육지 전체의 7분의 1이나 돼요. 메마른 사막에서는 아무도 살 수 없을 것 같다고요? 사막에도 식물과 동물들이 산답니다. 이들은 사막에서 살아남는 놀라운 방법들을 가지고 있어요.

방울뱀

산과 동굴

산은 육지 전체의 20분의 1을 덮고 있어요. 높은 산 위에 사는 식물과 동물들은 부족한 산소와 매서운 추위 그리고 강한 바람을 이겨 내야 하지요.

검독수리

호수와 강

호수와 강은 빗물이 고여서 만들어진 거예요. 물을 찾아 여러 종류의 곤충과 동물 들이 이곳으로 모여들지요.

수련

바다

지구의 대부분은 바다로 이루어져 있어요. 오징어, 가재, 물고기 그리고 바닷말 같은 바다 생물들은 대부분 산호초 부근이나 얕은 바다에 모여 살아요.

파랑쥐치

농촌과 도시

우리가 사는 농촌과 도시에도 많은 생물들이 살아요. 벽돌 틈 사이로 자라는 이끼에서부터 쓰레기를 뒤지는 쥐와 고양이까지 다양한 식물과 동물을 만날 수 있지요.

비둘기

사자처럼 강하지 않아도 자신이 사는 곳에 적응하며 살아요.

극지방

지구의 양끝에 있는 극지방은 아주 춥고 얼음투성이에요. 하지만 얼음 위에서 살아가는 동물들은 열을 뺏기지 않고 체온을 유지할 수 있어요. 이런 동물을 '정온 동물'이라고 하지요.

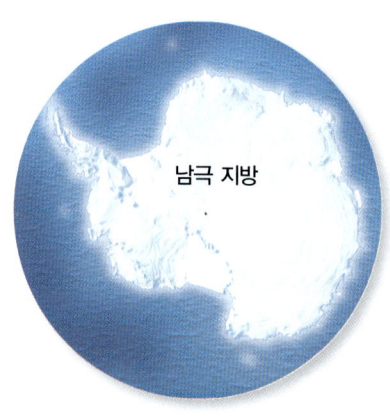

북극 지방
북극 지방은 지구의 자전축을 중심으로 북쪽 꼭대기 근처를 말해요. 북극 지방에는 커다란 얼음들이 떠다닐 뿐 육지가 없어요.

남극 지방
남극에는 육지가 있어요. 남극 대륙의 98퍼센트는 얼음으로 뒤덮여 있지요.

뱀이나 개구리 같은 변온 동물들은 극지방에서 살 수 없어요. 변온 동물은 체온이 변하기 때문에 추운 곳에서는 딱딱하게 얼어 버리고 말 거예요.

북극에 사는 북극곰은 뛰어난 수영 선수예요.

북극곰

북극 지방의 맨 꼭대기인 북극점에서는 일 년에 몇 번 해가 뜰까요?

극지방

둥둥 떠다니는 얼음

빙산은 떠다니는 커다란 얼음 조각들이에요. 물 위로는 아주 작은 부분밖에 보이지 않기 때문에 빙산을 지나는 배들은 무척 조심해야 해요.

극지방의 얼음은 빗물로 만들어졌어요.

빙산은 끊임없이 녹아내리고 있어요.

대낮처럼 환한 밤

극지방은 여름이면 24시간 내내 해가 떠 있어요. 반대로 겨울에는 한낮에도 깜깜하지요. 바로 지구가 태양 주위를 돌기 때문에 생기는 일이에요.

남극 대륙을 덮고 있는 빙하는 민물 전체의 70퍼센트나 돼요. 하지만 남극 대륙은 사막만큼 건조해요.

나는 누구일까요?

극지방에 관한 사진을 살펴보고 아래 생물들이 누구인지 알아맞혀 보세요.

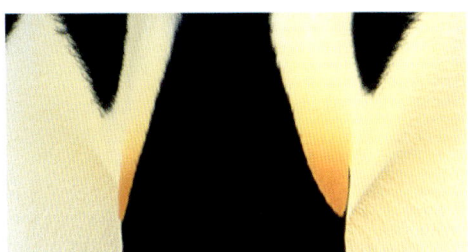

연결 지어 읽기

남극 지방 … 14-15쪽

바다 위 얼음 나라 … 110-111쪽

정답은 왼쪽 위에서부터 차례대로 물범, 황제펭귄, 흰올빼미, 깨진 얼음, 북극곰, 지의류.

극지방

냉장고 안에서 살아남기

극지방은 대부분 어둡고, 꽁꽁 얼어붙을 것 같은 찬바람이 불어요. 비도 적게 내리기 때문에 살기가 무척 어려워요. 이런 곳에서 동물들은 어떻게 살아남을까요?

북극곰은 피부 아래에 있는 지방층이 무척 두꺼워서 추위를 이길 수 있어요.

북극곰

여기 여기 다 붙어라!

펭귄은 열을 빼앗기지 않기 위해 서로 다닥다닥 붙어 있어요. 무리 바깥쪽에서 바람을 맞는 펭귄은 열을 많이 빼앗겨요. 그래서 무리 안쪽에 있는 펭귄들과 자주 자리를 바꾸지요.

북극에 사는 거인들

북극 동물들은 몸집이 커요. 커다란 동물들이 작은 동물보다 열을 덜 잃기 때문이지요. 북극곰은 몸길이가 2.5미터에, 몸무게는 800킬로그램이나 돼요.

북극곰의 털은 하얗지만, 털 안쪽의 피부는 빛을 잘 흡수하는 검은색이에요.

거센 눈보라가 몰아치면 사향소는 에너지를 쓰지 않도록 자리에 가만히 앉아서 눈보라 그치기를 기다려요.

사향소는 소처럼 보이지만 염소에 더 가까워요.

걸어 다니는 외투

털이 수북한 사향소는 작은 물소처럼 생겼어요. 사향소의 두툼한 털 외투는 사람의 팔만큼 길기 때문에 양털보다 여덟 배나 더 따뜻하답니다.

전 세계에 살고 있는 곰들 중에서 가장 덩치가 커다란 곰은 누구일까요?

냉장고 안에서 살아남기

두툼하게 껴입기
북극 동물들은 대부분 털가죽이 길고 두꺼워요. 흰올빼미는 깃털이 길게 자라서 다리와 부리를 감쌀 정도이지요.

흰올빼미

훌륭한 털 외투
북극여우는 매끄럽고 두터운 털이 발바닥까지 나 있어요. 북극여우의 털은 여름에는 짙은 갈색이에요. 겨울이 되면 눈 속에서 잘 띄지 않는 흰색으로 바뀌지요.

무리 지어 피기
함께 도우며 추위를 이겨 내는 것은 식물도 마찬가지예요. 북극에 사는 자주바위떡풀은 무리 지어 피어나는데, 짤막한 줄기를 작은 잎들로 겹겹이 덮어 주지요.

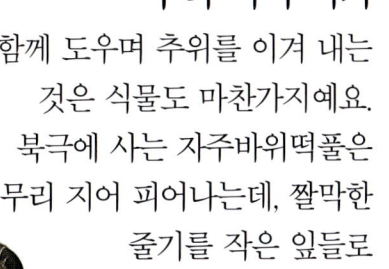

흰올빼미의 발톱은 먹잇감인 나그네쥐를 붙잡는 데 알맞죠.

6월경 북극에서 눈이 녹기 시작하면 자주바위떡풀은 가장 먼저 꽃을 피워요.

북극 지방은 일 년의 반이나 춥고 어둡지만 많은 동물들이 살아요.

연결 지어 읽기
동물들이 눈과 얼음 속에서 살아남는 방법 … 26-27쪽

땅속이 최고!
나그네쥐는 추위를 견디기 위해 눈 밑에 굴을 파고 지내요. 굴속을 이리저리 돌아다니며 식물 뿌리를 갉아 먹지요. 땅 위로 나왔다가는 흰올빼미한테 잡아먹힐 수 있어요.

극지방

북극 지방

북극에 여름이 왔어요. 그러면 북극 지방의 가장자리에는 눈이 녹으면서 넓은 벌판이 드러나지요. 파릇파릇 풀이 돋아나는 이곳을 '툰드라'라고 해요.

흰꼬리수리
여름이면 툰드라의 바닷가와 물웅덩이에 생물이 풍부해져요. 온갖 새들이 먹이를 찾아 날아들고 두려울 것이 없는 사냥꾼 흰꼬리수리도 바빠지지요.

흰꼬리수리는 힘이 아주 세기 때문에 커다란 물고기도 물속에서 잡아 올릴 수 있어요.

키 작은 식물
북극에 사는 식물들은 땅 가까이 낮게 자라요.

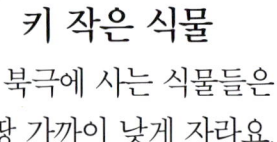
나무 틈이나 바위에 붙어 자라는 이끼는 양분을 만들 수 있는 조류와 양분을 만들지 못하는 균류로 이루어져 있어요.

늦여름에 열매가 열리는 월귤나무는 곰에게 좋은 먹이가 돼요.

담자리꽃나무는 해를 향해 안테나 접시처럼 생긴 노란 꽃을 피워요.

순록이끼는 순록이 주로 먹기 때문에 붙은 이름이에요. 순록이끼는 다른 식물들 사이에서 보슬보슬 자라지요.

황새풀은 북극 툰드라에서 가장 흔한 식물 중 하나예요.

눈토끼는 봄에는 털이 회색이지만 겨울이 되면 하얀 색으로 바뀌어요.

곤충의 공격
여름이면 피를 빠는 곤충들이 툰드라에 전염병을 퍼뜨려요. 말파리는 순록의 목구멍에 몰려들고, 진디등에와 모기들도 구름 떼처럼 달려들어 순록의 피를 빨아 먹지요.

눈토끼
눈토끼는 하루 중 18시간 동안 먹이를 찾아요. 새끼에게 젖을 먹이는 시간은 단 2분밖에 되지 않아요.

눈토끼

12

북극 지방에도 나무들이 자랄까요?

북극 지방

순록

순록은 아주 커다란 사슴이에요. 여름에는 풀이나 어린 나무줄기를 먹고, 겨울이면 눈 속을 헤쳐서 이끼를 뜯어 먹어요.

순록 무리는 일 년에 두 번 1,200킬로미터 정도를 옮겨 다녀요.

무리의 대이동

순록 떼는 머나먼 거리를 이동해요. 여름에는 식물들의 여린 새싹을 먹다가, 새끼를 낳기 위해서 툰드라 지방으로 긴 여행을 떠나지요.

사슴들은 대부분 수컷만 뿔이 커다래요. 하지만 순록은 암컷과 수컷 모두 멋진 뿔이 자라요.

순록

수컷 순록의 키는 어깨까지 약 1.5미터 정도 돼요.

순록은 카리부라고도 불러요.

땅속 깊은 곳은 늘 꽁꽁 얼어 있어요. 그래서 북극에는 얕은 뿌리를 내리는 식물밖에 자랄 수 없어요.

순록의 털은 속이 비어서 열을 가두어 놓아요. 덕분에 몸을 따뜻하게 유지할 수 있지요.

카리부 순록은 냄새와 소리에 아주 예민해요. 영어로 멀리 있는 사냥꾼도 알아챌 수 있지요.

극지방

남극 지방

남극 대륙은 지구에서 가장 춥고 건조한 곳이에요. 식물이 거의 자라지 않기 때문에 남극에 사는 동물들은 대부분 바다에서 먹이를 찾아요.

움직이는 얼음
남극의 얼음은 대륙 한가운데에서 가장자리로 아주 천천히 흘러내려요. 남극에 내려앉은 눈송이가 바다에 이르기까지 50,000년 정도 걸리지요.

펭귄들의 천국
남극 대륙에 둥지를 트는 펭귄은 아델리펭귄, 젠투펭귄, 턱끈펭귄, 황제펭귄이에요. 다른 펭귄들은 남극 대륙 근처에 있는 섬에서 살아요.

황제펭귄

걸어서 집으로
황제펭귄은 남극 대륙의 가장자리로부터 약 80킬로미터나 떨어진 육지의 한가운데에서 새끼를 낳아 키워요. 황제펭귄이 물고기를 잡으려면 아주 멀리까지 걸어가야 하지요.

자상한 아버지
수컷 황제펭귄은 포근한 발 사이에 알을 품고 새끼를 돌보아요. 새끼가 발 위에서 떨어지면 단 2분 만에 얼어 죽을 수도 있어요.

알바트로스는 얼마나 클까요?

남극 지방

바다표범들의 천국
여섯 종류의 바다표범들이 남극과 그 주변에서 살고 있어요. 이곳에는 바다표범을 잡아먹을 천적이 거의 없지요.

게잡이바다표범

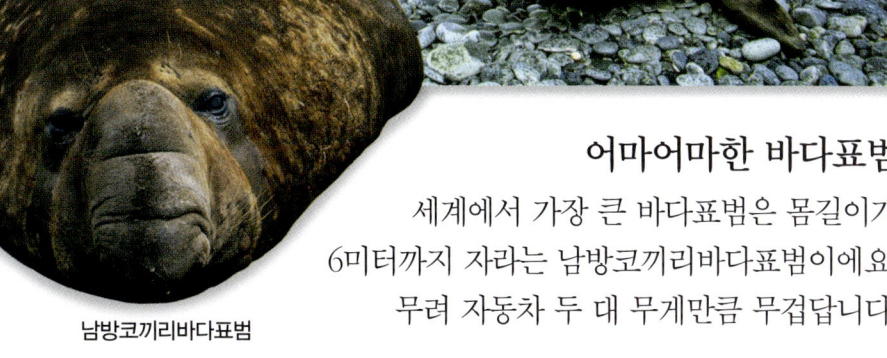
남방코끼리바다표범

쏙쏙 골라 먹기
게잡이바다표범은 이름처럼 게를 잡아먹고 살지 않아요. 이빨을 거름망처럼 사용해서 크릴새우 같은 작은 동물들을 먹지요.

어마어마한 바다표범
세계에서 가장 큰 바다표범은 몸길이가 6미터까지 자라는 남방코끼리바다표범이에요. 무려 자동차 두 대 무게만큼 무겁답니다.

남극에 사는 터줏대감
톡토기는 원래 남극 대륙에서만 살던 동물이에요. 곤충과 비슷한 동물인 톡토기는 스프링처럼 돌돌 말린 꼬리를 이용해 위로 톡톡 튀어 올라요.

톡토기를 확대한 사진

남극좀새풀

남극에서 꽃을 피우는 식물은 남극좀새풀과 남극개미자리뿐이에요.

황제펭귄

펭귄은 육지 위에서 뒤뚱뒤뚱 걸어요.

펭귄들은 종종 얼음 위에서 한 줄로 나란히 서서 걸어가요. 비탈진 곳에서는 배를 얼음에 댄 채 앞으로 쭉 밀며 나아가지요.

가장 큰 새
나그네알바트로스는 날개를 폈을 때 몸길이가 가장 긴 새예요. 알바트로스는 남극 근처의 섬에 둥지를 짓고 2년마다 새끼를 낳지요.

왕털발톱이 2.5미터나 됩니다.

숲

숲은 나무가 우거진 곳을 말해요. 나무 사이에는 여러 종류의 식물과 동물들이 살고 있지요.

숲은 적도 부근의 고산 지대에 있고, 추운 지방에도 있어요.

족제비

북반구
침엽수림
활엽수림
적도
남반구

숲이 있는 곳
숲의 기후는 서늘해요. 숲은 주로 적도에서 멀리 떨어진 북반구에서 볼 수 있지요.

숲에 사는 동물들
숲은 족제비 같은 다양한 야생 생물들의 보금자리예요. 족제비는 크기가 작아서 먹잇감인 생쥐와 들쥐 들이 사는 구멍 속까지 쫓아 들어갈 수 있어요.

적도 부근에 있는 숲은 무엇이라고 할까요?

숲

뾰족한 잎과 넓적한 잎

숲에는 크게 두 종류의 나무가 자라요.

활엽수는 넓고 편평한 잎을 가지고 있어요. 겨울이 되면 나뭇잎이 떨어지기 때문에 낙엽수라고도 하지요.

침엽수는 바늘처럼 뾰족한 잎이에요. 겨울에도 잎이 떨어지지 않기 때문에 '항상 푸르다'는 뜻으로 상록수라고 불러요.

숲에서 자라는 식물들

숲에는 키 큰 나무들이 빽빽하게 솟아 있기 때문에 햇빛이 잘 들지 않아요. 나무가 쓰러져서 햇빛이 드는 자리에는 디기탈리스 같은 키 작은 나무들이 다투어 자라지요.

디기탈리스

많은 생물들이 죽은 나무에 살면서 그 속에 든 양분을 먹어요.

나는 누구일까요?

숲에 관한 사진을 살펴보고 아래 생물들이 누구인지 알아맞혀 보세요.

연결 지어 읽기

활엽수 … 18-19쪽

침엽수 … 22-23쪽

숲

활엽수림

활엽수는 잎이 넓적하고 겨울이면 잎이 떨어지는 나무를 말해요.
이 나무들은 너무 덥거나 춥지 않고 사계절이 뚜렷한 곳에서 잘 자라요.

층 위에 층
숲은 높이에 따라 다른 풍경이 펼쳐져요. 맨 위에는 키 큰 나무가 보이고 그 아래층에는 키 작은 떨기나무가 자라지요. 숲의 맨 밑바닥에서는 이끼나 양치식물을 볼 수 있어요.

이끼는 주로 햇빛을 덜 받는 나무의 북쪽에서 자랍니다.

잠에서 깨어나요.
겨울 내내 잠자던 숲은 봄이 되면 활기에 넘쳐요. 나무에는 새잎이 돋고, 풀들은 해를 향해 줄기를 쭉쭉 뻗지요.

풍요로운 숲 바닥
숲 바닥에는 나뭇잎과 나무 열매들이 여기 저기 떨어져 있어요. 다람쥐 같은 작은 동물들은 먹이를 찾으러 부지런히 이곳을 돌아다니지요.

회색다람쥐는 도토리나 여러 씨앗들을 그러모아요.

다람쥐의 북슬북슬한 꼬리털은 어떤 일을 할까요?

활엽수림

먹이사슬

먹이사슬은 서로 먹고 먹히는 관계를 나타나요.

 식물은 햇빛을 받아 영양분을 만들어요.

 곤충의 애벌레는 나뭇잎을 갉아 먹고 식물이 모아 둔 영양분을 얻어요.

 새는 애벌레를 사냥해요. 봄이 되면 새끼를 낳아 키우기 때문에 더욱 부지런히 애벌레를 사냥하지요.

 여우는 새나 들쥐 같은 동물들을 잡아먹고 영양분을 얻어요.

울긋불긋 단풍

나뭇잎이 푸르게 보이는 건 엽록소 때문이에요. 엽록소는 햇빛을 받아 영양분으로 만들지요. 가을이 되면 엽록소가 다른 물질로 바뀌기 때문에 잎이 노랑, 빨강으로 보인답니다.

단풍잎

나뭇잎은 나무가 먹을 음식을 만드는 공장이에요. 가을이 되면 이 공장은 잠시 문을 닫지요.

딱따구리의 머리뼈는 무척 두꺼워서 나무를 쉴 새 없이 쪼아 댈 때 받는 충격을 덜어 줘요.

딱따구리

어디로 들어갈까?

딱따구리는 부리로 죽은 나무를 콕콕 쪼아서 구멍을 만들어요. 딱따구리는 혀가 무척 길기 때문에 나무 속에 꼭꼭 숨은 벌레도 잘 찾아내요.

포근한 나무 속 둥지

딱따구리가 나무 구멍을 다 파는 데는 14일에서 21일 정도 걸려요. 암컷 딱따구리는 구멍 속에 여러 개의 알을 낳지요.

고사리가 다 자라면 말려 있던 끝부분이 펴지면서 작은 잎들을 펼쳐요.

숲

꼬리꽃차례

숲의 밑바닥

활엽수림의 바닥에는 곤충이나 작은 포유류 들이 살아요. 이 동물들은 바닥에 떨어진 찌꺼기들을 먹고 살지요.

고사리

수컷 사슴벌레는 사슴뿔처럼 여러 갈래로 갈라진 뿔이 나 있어요.

쥐들은 여러 가지 씨앗과 나무 열매를 갉아 먹어요.

이끼는 습하고 그늘진 바위나 나무줄기에 붙어서 자라요.

가시투성이 동물

고슴도치는 코가 발달해서 냄새를 아주 잘 맡아요. 땅속에 숨어 있는 딱정벌레, 지렁이, 거미도 금방 찾아내지요.

지렁이

고마운 똥

지렁이는 흙을 먹고 짧은 내장에서 소화시킨 뒤 똥을 눠요. 지렁이 똥은 양분이 많아서 땅을 기름지게 하지요.

씨앗아, 퍼져라!

나무들은 다양한 방법으로 씨앗을 멀리 퍼뜨려요.

마가목은 동그란 열매 안에 씨앗이 들어 있어요. 새들은 이 열매를 먹고 씨앗을 퍼뜨려요.

포플러나무의 씨앗은 가지 끝에 꽃이 모여 있는 곳에서 생겨요. 바람이 불면 부드러운 털이 달린 씨앗이 멀리까지 날아가요.

무화과나무의 씨앗은 날개가 있어서 스스로 멀리까지 갈 수 있어요.

도토리는 다람쥐가 좋아하는 먹이예요. 다람쥐가 땅에 묻어 둔 도토리는 시간이 지나면 도토리나무로 자라지요.

유럽고슴도치는 주로 밤에 움직여요. 밤에는 땅이 축축해서 먹잇감인 지렁이들이 밖으로 나오거든요.

사슴벌레는 얼마나 클까요?

숲의 밑바닥

그늘이 좋아요!
많은 식물들이 햇빛을 받아야 자랄 수 있어요. 하지만 양치식물처럼 그늘에서 잘 자라는 식물도 있어요.

한 입만 주세요.
사철쑥더부살이는 영양분을 직접 만들지 않아요. 대신 다른 식물의 뿌리에 빨대를 넣고 양분을 빼앗지요.

도롱뇽은 축축한 피부를 통해 숨을 쉬기 때문에 축축한 곳에서 살아요.

쥐며느리는 썩은 나무와 이끼를 먹어요. 심지어는 자기가 눈 똥도 먹지요.

사철쑥더부살이

사슴벌레는 썩은 나무 그루터기나 뿌리에 알을 낳아요. 애벌레들은 그 나무를 먹고 자라지요

노래기의 몸은 단단한 외골격으로 둘러싸여 있어요. 노래기들은 위험하다고 느끼면 몸을 돌돌 말아요.

사슴벌레 애벌레

언제나 애벌레
사슴벌레는 태어나서 여러 해 동안 애벌레로 지내요. 어른벌레가 되고 나서는 겨우 몇 달밖에 살 수 없어요.

썩은 나무 호텔
썩은 나무 속에는 딱정벌레 애벌레들이 아주 많이 살아요. 새들은 부리로 나무를 쪼아 애벌레를 잡아먹지요.

숲의 사슴벌레들은 8.5센티미터까지 자랄 수 있어요.

침엽수림

전 세계 육지 가운데 10분의 1을 침엽수림이 덮고 있어요. 침엽수림은 북극 주변의 넓은 땅에서 자라나요.

숲의 거인
삼나무는 수천 년 동안이나 살 수 있어요. 삼나무 열매는 다 자라는 데 20년이 걸리기도 하지요.

따끔따끔 맛있는걸!
북아메리카에 사는 호저는 나무 타기 선수예요. 호저는 동물 중에서 드물게 뾰족한 소나무 잎을 먹을 수 있어요.

솔방울 전문가
솔잣새는 가위처럼 생긴 부리로 솔방울 사이를 비집고 씨앗을 빼 먹어요.

침엽수는 대부분 위로 갈수록 뾰족해지는 원뿔 모양이에요. 눈이 내려도 나뭇가지에서 잘 미끄러지기 때문에 눈이 덜 쌓이지요.

세계에서 가장 커다란 사슴은 무엇일까요?

침엽수림

늘푸른나무

바늘 모양을 한 침엽수의 잎은 일 년 내내 떨어지지 않아요. 침엽수는 꽃을 피워서 열매를 맺는 대신에 솔방울을 만들어서 씨앗을 퍼뜨려요.

솔방울은 축축한 날씨일 때는 비늘을 닫고 있어요. 건조해지면 비늘을 활짝 열고 씨앗을 퍼뜨리지요.

족제빗과의 구즈리는 작은 곰처럼 생겼어요. 무척 사나워서 먹이에 달려들면 곰이나 퓨마가 도망갈 정도예요.

구즈리

회색늑대

늑대와 구즈리

늑대와 구즈리는 덩치가 크지만 잘 숨기 때문에 찾기가 힘들어요. 이들은 두꺼운 털 덕분에 추운 겨울도 거뜬히 날 수 있어요.

에헴, 내 뿔 어때?

침엽수림에 사는 가장 큰 동물 중 하나는 바로 말코손바닥사슴이에요. 수컷 말코손바닥사슴은 손바닥 모양의 뿔이 나 있지요.

물속이 좋아요.

여름이 되면 말코손바닥사슴은 호수나 연못에 몸을 담가요. 물속에서 자라는 식물을 먹고, 피를 빨아 먹는 날벌레 떼를 피하기 위해서예요.

말코손비닥사슴은 수컷과 암컷 모두 목 아래쪽에 펄럭이는 살주머니가 달려 있어요.

숲에 사는 곰팡이

사람들은 대부분 버섯이 식물이라고 생각해요. 하지만 버섯은 다른 식물처럼 양분을 스스로 만들 수 없어요. 버섯은 축축한 숲 밑바닥에 사는 다른 식물에 붙어서 양분을 얻지요.

버섯은 무엇일까요?
땅속에는 많은 곰팡이들이 살고 있어요. 곰팡이들은 땅 위로 곰팡이의 씨앗인 홀씨를 내보내는데 이것이 바로 버섯이에요.

버섯은 땅속에 살고 있는 곰팡이의 일부가 겉으로 드러난 거예요.

그물버섯

둥근 고리
곰팡이가 원을 그리며 자라고 있어요. 한가운데는 나무가 있었던 자리이지요.

말불버섯 주름찻잔버섯

구멍장이버섯

말미잘버섯

싸리버섯

송로

곰팡이를 더 많이!
버섯과 같은 균류는 씨앗을 만들지 않아요. 대신에 작은 홀씨를 만들어서 바람에 날려 보내지요.

이것도 버섯일까?
버섯은 모양과 크기, 색깔이 아주 다양해요. 우리가 흔히 생각하는 모양이 아닌 버섯도 많답니다.

세계에서 가장 큰 곰팡이는 얼마만 할까요?

숲에 사는 곰팡이

다양한 곰팡이

곰팡이는 많은 종류가 있어요. 그중에는 우리에게 유용한 것도 있고 그렇지 않은 것도 있지요.

페니실린은 우리 몸에 있는 나쁜 세균을 없애 주는 약이에요. 페니실린은 푸른곰팡이로 만들어요.

음식을 오래 두면 상해요. 우리 눈에 보이지 않는 곰팡이들이 음식을 먹어 치우기 때문이지요.

우리가 먹는 블루치즈는 우유를 푸른곰팡이로 발효시킨 거예요.

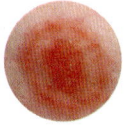
곰팡이는 동물이나 사람에게 피부가 붉게 변하는 피부병을 일으키기도 해요.

독을 조심하세요!

버섯 중에는 아주 위험한 독을 가진 것도 있어요. 독이 있는 버섯은 선명하고 화려한 색으로 동물들에게 먹지 말라고 경고하지요.

어떤 독버섯은 사람을 죽게 할 정도로 위험해요.

광대버섯

얄미운 곰팡이

곰팡이 중에는 나무의 양분을 얻다 못해 생명까지 빼앗는 곰팡이도 있어요.

쓰레기라면 내게 맡겨!

곰팡이는 전 세계 구석구석을 치우는 자연의 청소부예요. 곰팡이는 죽은 식물이나 동물이 다른 생물에게 양분이 되도록 도와줘요.

먹물버섯

버섯이 없었다면 지구에는 엄청난 쓰레기들이 수 미터 두께로 덮여서 썩고 있을 거예요.

버섯 주름 찍기

버섯은 종류마다 버섯갓에 있는 주름이 달라요. 버섯 줄기를 잘라 종이 위에 놓고 그릇으로 덮어 두면 주름 무늬가 종이에 남아요.

숲

겨울나기

매서운 바람이 부는 겨울이 닥치면 숲에는 먹을 것이 부족해져요. 식물과 동물은 자신만의 방법으로 겨울을 나지요.

유럽울새

봄에 다시 만나!
수컷 유럽울새는 추위를 견디며 영국에 머물러요. 하지만 암컷 유럽울새는 좀 더 따뜻한 스페인으로 건너가서 겨울을 나지요.

서양호랑가시나무

담쟁이덩굴

겨울에도 매끈매끈
서양호랑가시나무와 담쟁이덩굴은 잎이 두꺼운 왁스층으로 되어 있어서 춥고 건조한 겨울 날씨에도 끄떡없어요.

겨울옷을 입어요.
몇몇 동물들을 겨울이 되면 눈에 띄지 않기 위해 털색을 바꿔요. 흰담비는 겨울이 되면 잿빛 갈색이던 털이 빠지고 하얀 털이 나지요.

여름에는 흰담비의 등과 꼬리 색깔이 짙은 갈색이에요.

연결 지어 읽기
혹독한 추위에서 살아남는 법 … 10-11쪽

흰담비

겨울잠을 자는 동안 유럽겨울잠쥐의 심장은 일 분에 한 번밖에 뛰지 않아요.

유럽겨울잠쥐는 일 년 중 5개월 동안만 깨어 있어요.

추위도 잊고 쿨쿨 자요.
겨울을 나는 좋은 방법 중의 하나는 바로 겨울잠이에요. 겨울잠을 자는 동안 동물들의 몸은 마치 죽은 것처럼 차갑고 거의 움직이지 않아요.

26

겨울잠 자는 동물 중에는 어떤 동물이 있을까요?

겨울나기

따뜻한 곳으로 출발!
새들은 겨울잠을 자지 않아요. 대신에 좀 더 따뜻한 곳으로 날아가서 겨울을 보내지요. 이렇게 계절에 따라 이동하는 새들을 '철새'라고 해요.

나비 중에는 겨울잠을 자는 것도 있어요. 하지만 대부분의 나비들은 번데기로 겨울을 나고 봄에 나비가 돼요.

호랑나비

침엽수는 일 년 중 8개월이 겨울인 곳에서도 자랄 수 있어요.

따끈따끈 온천이 좋아요.
겨울이면 일본원숭이들은 몸을 따뜻하게 하기 위해 뜨거운 물이 솟는 온천으로 뛰어들어요. 몸이 젖은 채로 물 밖으로 나올 때는 조금 춥겠죠?

일본원숭이 무리
일본원숭이들은 20~30마리가 무리를 이루어요. 겨울이 되면 일본원숭이의 털가죽은 두꺼워지지요.

일본원숭이는 눈원숭이라고도 해요. 일본원숭이는 새끼 때 놀이를 통해 눈덩이 굴리는 방법을 배우지요.

숲

이상한 숲

모든 상록수가 뾰족한 바늘 모양의 잎이 나지는 않아요. 모든 활엽수가 겨울에 잎을 떨어뜨리는 것도 아니지요. 특이한 나무들이 자라는 숲으로 들어가 볼까요?

이상한 숲에는 하늘다람쥐 같은 특이한 동물들이 살아요.

하늘다람쥐

자이언트판다

대나무는 넓은 잎을 가졌지만 활엽수처럼 일 년 내내 잎이 떨어지지 않아요.

대나무 숲

대나무는 이름과 달리 나무가 아니에요. 세계에서 가장 빨리 자라는 풀 중 하나인 대나무는 나무만큼 높이 자라요.

자이언트판다는 대나무의 잎과 줄기를 먹고 살아요.

왜 날아야 해?

뉴질랜드에 사는 키위는 새지만 날지 못해요. 키위는 마치 고슴도치처럼 숲의 바닥을 돌아다니며 땅속에서 먹잇감을 찾지요.

키위

키위는 왜 날지 못하나요?

이상한 숲

코알라

코알라는 잠꾸러기
코알라는 하루의 대부분을 유칼립투스 위에서 보내요. 낮 동안 나무 위에서 자다가 저녁이 되면 슬그머니 일어나서 4시간 정도 유칼립투스 잎을 따 먹지요.

독도 문제없어요.
유칼립투스 잎은 독이 있지만 코알라만은 괜찮아요. 코알라 몸속에 있는 박테리아가 독을 없애 주기 때문이지요.

유칼립투스 잎은 넓적하지만 일 년 내내 늘푸른나무예요.

공룡 시대에도 살았어요.
칠레소나무는 공룡이 있던 때부터 살았던 나무예요. 칠레소나무는 넓적한 잎이 나지만 일 년 내내 잎이 푸르지요.

칠레소나무

나무고사리는 옛날에 공룡들이 즐겨 먹던 식물이에요.

선사 시대부터 살았던 식물
나무고사리는 공룡이 살던 시대부터 살던 식물이에요. 나무고사리는 일 년 내내 잎이 푸르지요.

속씨식물에는 잎이 넓적한 나무와 잎이 뾰족한 나무가 있어요.

우림

덥고 비가 많이 내리는 곳에 생기는 숲을 '우림'이라고 해요. 우림에는 아주 다양한 생물들이 살고 있지요.

우산은 필수

우림에는 자주 비가 내려요. 나무가 빨아들인 빗물은 잎으로 다시 나오기 때문에 공기도 항상 축축하지요. 우림은 대부분 열대 지방에 있기 때문에 '열대 우림'이라고 불러요.

노랑무늬초록앵무

알렉산드라비단제비나비 암컷은 나비 중에서 가장 커요.

오랑우탄

수많은 생물들의 보금자리

우림은 전체 육지 가운데 7퍼센트밖에 되지 않아요. 하지만, 전 세계 생물 종류의 반이 우림에 살고 있어요.

- 딱정벌레는 종류가 무척 많아요. 한 과학자는 우림의 작은 지역에서만 18,000종의 딱정벌레를 발견했어요.

- 우림에는 축구장만 한 크기에 300그루의 나무가 빼곡히 자라요.

- 우림에서는 새로운 난초가 끊임없이 발견되고 있어요.

- 새도 우림을 좋아해요. 아마존 밀림에서만 9,000종의 새들이 살고 있지요. 전 세계에 사는 새 종류의 3분의 1이나 되는 수랍니다.

개불알꽃

우림의 동물들은 주로 어디에 살까요?

우림 아파트
우림은 높이에 따라 각각 다른 생물들이 살고 있어요.

빽빽한 나무들 위로 드문드문 큰키나무들이 솟아나 있어요.

나무갓이라고 불리는 나무 꼭대기에는 나무들이 서로 이어져서 마치 지붕 같아요.

큰키나무 아래쪽에는 키 작은 나무들과 그늘을 좋아하는 나무, 덩굴식물들이 자라요.

숲 바닥에는 양치식물이 융단처럼 깔려 있고, 여기저기 나무뿌리들이 드러나 있어요.

안개에 쌓인 숲
열대 지방의 높은 산은 늘 구름이나 안개로 덮여 있어요. 적당히 서늘하고 축축하기 때문에 식물들이 아주 높이 빽빽하게 자라지요.

장미앵무

호접란

나는 누구일까요?
우림에 관한 사진을 살펴보고 아래 생물들이 누구인지 알아맞혀 보세요.

연결 지어 읽기
다른 종류의 숲 … 16-17쪽

우림에는 사는 동물과 식물들은 다음과 같아요. 뱀, 나비, 독개구리, 도마뱀, 라플레시아, 호랑이.

31

우림

나무갓

우림의 많은 생물들은 나무갓에서 살고 있어요.
나무갓에는 상쾌한 바람이 불고 햇볕이 잘 들어요.

더 높이 더 높이
우림에 사는 식물들은 햇빛을 더 많이 받으려고 자리를 다투어요. 높은 곳에서 자라는 식물들은 아래에 있는 식물들보다 빛을 더 많이 받을 수 있지요.

덩굴 식물 중에는 나무를 감아 오르며 숲의 꼭대기를 향해 자라는 것도 있어요.

시계꽃

새둥지앤슈리엄

크리스탈앤슈리엄

나뭇가지에는 여러 착생 식물과 기생 식물이 붙어서 살아요.

너무 무거워요!
다른 나무에 붙어서 자라는 식물을 '착생 식물'이라고 해요. 착생 식물이 계속 자라서 무거워지면 나뭇가지가 부러질 수도 있어요.

브로멜리아드는 작은 생물들의 서식지가 돼요.

초록색 양동이
착생 식물인 브로멜리아드의 잎은 둥그렇게 둘러져 나기 때문에 빗물을 담을 수 있어요. 착생 식물은 다른 나무의 양분을 뺏지는 않아요.

나무갓에는 꽃이 많이 있을까요?

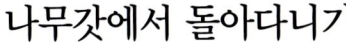

나무갓

긴팔원숭이는 대부분 나무 위에서 살아요. 큰긴팔원숭이는 긴팔원숭이 중에서도 가장 크지요.

큰긴팔원숭이

나무갓에서 돌아다니기

동물들은 어떻게 땅 밑으로 내려가지 않고 이 나무에서 저 나무로 옮겨 갈까요?

 긴팔원숭이는 나뭇가지를 손으로 붙들면서 나무 사이를 옮겨 다녀요.

 꼬리감는원숭이는 꼬리로 나뭇가지를 감고 움직여요.

 여우원숭이는 긴 꼬리로 균형을 잡으면서 나무 사이를 건너뛰어요.

 새들은 위험을 느끼면 후닥닥 날아서 도망쳐요.

 날도마뱀은 물갈퀴 달린 발을 쫙 펴서 바람을 타고 이동하지요.

 납작한 날뱀은 몸을 구부린 다음 쭉 펴서 나무 사이를 움직여요.

 나무타기캥거루는 훌쩍 뛴 다음 긴 갈고리 발톱으로 나뭇가지를 붙잡아요.

 오랑우탄은 나무덩굴에 매달리거나 작은 나무를 아래쪽으로 끌어당겨서 잡고 움직여요.

씨앗 까기 선수들

나무 꼭대기 층에는 일 년 내내 과일과 씨앗이 가득해요. 큰부리새 같은 동물들은 과일이 있는 곳과 방법을 잘 알고 있지요.

큰부리새는 100가지가 넘는 다양한 과일을 먹고 살아요.

카스타노티스중부리

주머니에 쏙 들어가는 원숭이

피그미마모셋은 세계에서 가장 작은 원숭이예요. 이 원숭이들은 아마존 밀림의 나무 꼭대기에서 과일과 곤충을 먹고 살아요.

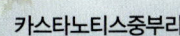
진흙

진흙을 먹는다고?

우림에서 자라는 식물의 씨앗에는 대부분 독이 들어 있어요. 마코앵무는 진흙을 먹고 씨앗에 든 독을 없애지요.

나무갓에서 자라는 덩굴 식물들은 땅에 내려 물을 빨아들이 기도 해요.

우림

우림의 바닥

큰 나무 아래는 그늘져서 어둡고 축축해요.
바람도 불지 않는 이곳은 습기를 좋아하는 식물과
동물들에게 더없이 좋은 장소랍니다.

야자집게

나무 위로 엉금엉금
우림으로 뒤덮인 섬에서는
야자집게들을 볼 수 있어요.
야자집게는 주로 땅 위에 살면서
야자열매를 먹어요.

훤히 비치는 날개
투명날개나비는 나무갓 아래
어두운 곳에 살아요. 날개가
마치 잠자리처럼 투명하지요.

투명날개나비

라플레시아

고약한 냄새가 나는 꽃
수마트라 섬에서 자라는
라플레시아는 세계에서 가장 큰
꽃이에요. 라플레시아는 일주일 동안
지독한 냄새가 나는 꽃을 피워서
곤충들을 불러모아요.

라플레시아의 크기는 얼마나 될까요?

우림의 바닥

조여 죽이기
독이 없는 보아뱀은 먹잇감이 숨이 막히도록 몸을 조여서 죽여요.

쥐를 먹는 보아뱀

카멜레온은 오른쪽 눈과 왼쪽 눈이 각각 다른 방향을 볼 수 있어요.

수줍음 많은 고릴라
아프리카 열대 우림에 사는 마운틴고릴라는 조용히 숲의 바닥을 돌아다녀요. 수컷 마운틴고릴라는 나이가 들수록 등에 은색 털이 나요.

잭슨카멜레온

찰싹 달라붙는 혀
카멜레온의 혀는 아주 길어요. 혀끝은 두껍고 매우 끈적거려서 먹이에 찰싹 달라붙어요.

숲에서 나는 맛
우리가 먹는 음식 중에는 열대 우림에서 얻은 것들이 참 많아요.

초콜릿을 만드는 카카오나무 열매는 남아메리카의 열대 우림에서 자라요.

아이스크림에 주로 쓰이는 바닐라 향은 난초 덩굴의 열매 껍질에서 나는 맛이에요.

생강은 아시아에서 자라는 식물이에요. 생강 뿌리를 넣은 생강 과자는 쌉싸래한 맛이 나지요.

식물을 죽이는 식물
착생 식물인 무화과나무는 뿌리로 큰 나무를 휘어 감으며 자라요. 서서히 무화과나무에 감긴 나무는 말라 죽고 말아요.

무화과나무가 감고 올라가던 나무가 죽으면 무화과나무의 뿌리 안쪽은 텅 빈 채로 남아요.

무화과나무가 나무줄기를 감싸 덮어 버려요.

열대림이 줄어드는 이유가 한 가지 더 있어요.

우림

희한한 개구리들

따뜻하고 습한 우림은 개구리와 두꺼비가 살기에 아주 좋은 곳이에요. 팔짝팔짝 뛰어다니는 다양한 양서류들을 만나 볼까요?

붉은눈청개구리

붉은눈청개구리

개구리는 앞다리에 발가락이 네 개씩 나 있고, 뒷다리에는 발가락이 다섯 개씩 나 있어요.

붉은눈청개구리

목숨을 건 높이뛰기
청개구리는 기다란 뒷다리로 껑충 뛰어올라서 날아가는 곤충을 잡아먹거나 천적에게서 달아나요.

끈적이는 발가락
청개구리는 발가락이 끈적끈적하고, 빨판처럼 생겼어요. 청개구리는 이 발가락으로 나뭇잎이나 나무줄기에 찰싹 달라붙지요.

훨훨 나는 개구리
월리스날개구리는 발이 아주 크고 물갈퀴가 달려 있어요. 작은 낙하산처럼 생긴 발을 쫙 펼치면 15미터까지 날아갈 수 있지요.

못 찾겠다, 개골개골
우림에는 개구리와 두꺼비를 노리는 천적들이 많아요. 그래서 개구리와 두꺼비는 주위의 모습과 비슷한 모양으로 위장해서 몸을 숨겨요.

뿔두꺼비는 낙엽 더미 사이로 감쪽같이 숨을 수 있어요.

개구리와 두꺼비는 무엇이 다를까요?

희한한 개구리들

골리앗개구리
서아프리카 우림에 사는 골리앗개구리는 세계에서 가장 큰 개구리예요. 그 크기가 고양이만 하답니다.

에메랄드 유리개구리

새끼 돌보기
양서류는 알에서 태어나자마자 스스로의 힘으로 살아가요. 하지만 우림에 사는 어떤 개구리들은 특별한 방법으로 새끼를 보호해요.

위주머니보란개구리는 올챙이들을 입 안에 머금고 키우다가 다 자라면 입 밖으로 뱉어요.

가는발가락개구리들은 알에서 올챙이 대신 새끼 개구리로 태어나요.

피파개구리 암컷은 등에 알을 붙여 놓아요. 그러면 그 위로 얇은 피부가 생겨서 알들이 자라날 때까지 보호해 주지요.

살갗이 비쳐요.
유리개구리는 살갗이 아주 투명해서 주변 환경과 잘 섞일 수 있어요. 이 희한하게 생긴 개구리는 물 위로 드리운 나무에서 주로 살지요.

독화살개구리
독화살개구리의 몸 색깔은 아주 선명하고 화려해요. 뚜렷한 색은 위험한 독을 품고 있으니 조심하라는 뜻이지요.

초록독화살개구리 노란띠독화살개구리 파랑독화살개구리

독화살개구리가 가진 독은 독이 있는 곤충들을 먹고 얻은 거예요.

독화살개구리

연결 지어 읽기
개구리의 한살이 … 90쪽

37

우림

사마귀

조용한 사냥꾼
사마귀는 먹잇감이 가까이 올 때까지 꼼짝 않고 있어요. 그러다가 순식간에 앞으로 뛰어올라서 먹이를 낚아채지요.

사마귀에게 잡힌 파리는 손쓸 새도 없이 잡아먹히고 말아요.

우림에 사는 곤충들

우림에는 가장 많은 종류의 곤충들이 살고 있어요. 세상에서 가장 큰 곤충도 우림에서 살고, 아주 시끄러운 곤충, 아주 신기한 곤충까지 모두 우림에서 살지요.

가위개미는 줄지어서

가위개미

농사짓는 개미
가위개미는 나뭇잎을 열심히 집으로 날라요. 하지만 나뭇잎을 먹지는 않아요. 가위개미는 나뭇잎 더미에서 곰팡이를 키워서 먹고 살지요.

먹어도 먹어도 배가 고파요.
우림에는 나비가 아주 많아요. 부지런히 잎을 갉아 먹는 오동통한 나비 애벌레도 많이 볼 수 있지요.

기린벌레

기린을 닮은 곤충
기린벌레는 기린처럼 목이 기다랗다고 붙은 이름이에요. 기린벌레는 기다란 목을 구부려서 아래를 내려다볼 수 있지요.

곤충의 종류는 과연 얼마나 될까요?

우림에 사는 곤충들

살아 있는 보석

몰포나비의 날개는 눈에 띄게 화려해서 짝을 찾기가 쉬워요. 뿐만 아니라 햇빛을 받으면 날개가 반짝반짝 빛나서 천적인 새들의 눈을 부시게 하지요.

푸른몰포나비의 날개폭은 10센티미터 정도예요.

푸른몰포나비

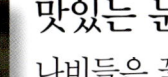

나뭇잎들을 둥지로 날라요.

맛있는 눈물

나비들은 꽃 꿀을 빨아 먹고 살아요. 하지만 꽃 꿀에는 소금과 같은 무기질이 부족해요. 그래서 거북이 흘리는 눈물이나 콧물을 먹고 무기질을 보충하지요.

희한한 곤충들의 천국

우림에 사는 곤충들은 나뭇잎이나 나뭇가지와 비슷한 색과 모양을 하고 있어요.

인도네시아대벌레는 온몸에 삐죽삐죽 가시가 나서 꼭 가시 돋친 식물처럼 보여요.

인도네시아대벌레

내가 최고야!

우림에 사는 놀라운 기록을 가진 곤충들을 만나 볼까요?

 아프리카에 사는 골리앗꽃무지는 가장 무거운 곤충이에요. 무게가 100그램이나 된답니다.

 브라질 열대 우림에 사는 골리앗거미는 세계에서 가장 큰 거미예요.

 말레이시아대벌레는 몸길이가 55.5센티미터나 돼요.

 눈알무늬방아벌레는 곤충들 중에서 가장 밝은 빛을 내요. 이 빛으로 책을 읽을 수 있을 정도지요.

 동물의 피를 빨아 먹는 모기는 아주 위험한 곤충이에요. 바로 말라리아라는 무서운 전염병을 퍼뜨리기 때문이지요.

 알렉산드라비단제비나비의 암컷은 날개를 폈을 때 길이가 28센티미터나 돼요.

우림

콩과식물인 무쿠나의 꽃송이

덤불긴혀박쥐

우림의 밤

저녁이 되면 우림이 조용해질 거라고요? 땡! 틀렸어요. 우림은 밤이 되어도 절대로 잠들지 않는답니다.

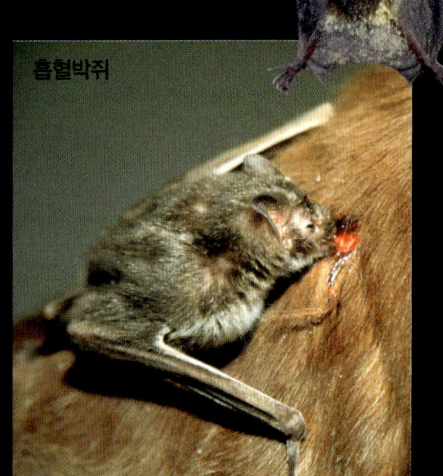
흡혈박쥐

밤에 피는 꽃
중앙아메리카에서 자라는 물밤나무는 밤에만 꽃이 펴요. 박쥐를 통해서 가루받이를 하기 때문이지요.

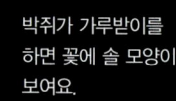
물밤나무

박쥐가 가루받이를 하면 꽃에 솔 모양이 보여요.

나방들의 세상
밤의 우림에는 나방들이 가득해요. 나방들은 놀라운 후각으로 꽃이나 짝을 찾아 쉴 새 없이 날아다니지요.

아틀라스나방

흡혈박쥐
흡혈박쥐의 침에는 마취 성분이 있어요. 박쥐에게 물린 동물은 박쥐가 피를 빨아 먹고 있는 것을 느끼지 못하지요.

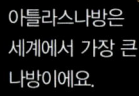
아틀라스나방은 세계에서 가장 큰 나방이에요.

제비나방

버틀러스브라민나방

깜깜한 밤에 아른거리는 불빛은 곤충들을 불러 모아요.

요정의 등불
숲 밑바닥에서 아른거리는 신비로운 초록색 불빛들은 무엇일까요? 바로 야광버섯이 내는 빛이랍니다.

40

나방은 왜 불빛을 향해 날아가나요?

우림의 밤

어둠 속에서 보기
갈라고원숭이들은 밤에도 잘 볼 수 있어요. 눈이 아주 크고 예민하기 때문에 너무 밝은 빛에서는 눈을 다칠 수도 있지요.

갈라고원숭이

노랑속눈썹살모사

어둠 속 사냥꾼
뱀은 깜깜한 어둠 속에서도 날름거리는 혀로 먹잇감의 냄새를 알아차릴 수 있어요. 속눈썹살모사는 머리 위의 움푹 파인 곳에서 미세한 열도 느낄 수 있지요.

밤이 좋아요.
밤에 활동하는 동물을 '야행성 동물'이라고 해요. 야행성 동물들은 더운 낮에는 숨죽이고 있다가, 밤이 되면 일어나서 사냥을 시작해요.

오실롯

오실롯은 먹잇감의 냄새를 맡기 위해 머리를 숙인 채 돌아다녀요.

나방덫 만들기
먼저 빈 계란 판을 상자 안에 비스듬히 넣어요. 손전등으로 상자 안을 밝히고 밤 동안 바깥에 놓아두세요. 아침이 되면 계란 판 뒤에 나방들이 붙어 있을 거예요.

나무늘보 유황 부리 새가 있어요. 올빼미, 주머니쥐, 그리고 아르마딜로는 야행성이에요.

우림

우림을 흐르는 강

우림을 흐르는 강은 비가 오면 고운 모래들이 쓸려와 싯누런 흙탕물이 돼요. 흙탕물도 아랑곳하지 않고 부지런히 움직이는 동물들을 만나러 가 볼까요?

아마존강돌고래

정글 사이로 흐르는 강
빗물이 모여서 생긴 강은 우림 사이를 구불구불 흐르며 바다까지 이어져요.

유연한 목 놀림
아마존강돌고래은 목을 무척 잘 움직여요. 나무뿌리 사이에 숨은 먹잇감도 문제없이 사냥하지요.

빨간배피라니아

위험한 물고기
빨간배피라니아 떼가 동물을 먹기 시작하면 단 몇 초 만에 뼈만 앙상히 남아요. 피라니아는 삼각형 모양으로 난 뾰족한 이빨로 살덩어리를 잘라 먹어요.

아홉줄아르마딜로

피라니아는 모두 위험한가요?

우림을 흐르는 강

너도 메기지?
메기의 종류는 매우 다양해요. 민물에 사는 물고기의 4분의 3은 메기이거나 메기의 친척이지요. 메기 중에는 3미터까지 자라는 것도 있어요.

삽코호랑이메기

아나콘다는 먹이를 힘껏 조여서 죽여요.

물 위를 걸어요.
바실리스크이구아나는 물 위를 달릴 수 있어요. 하지만 나이가 들수록 몸이 무거워져서 멀리 나아갈 수 없게 되지요.

강에 사는 거인
세계에서 가장 커다란 뱀은 바로 녹색아나콘다예요. 이 뱀은 사슴이나 작은 악어도 죽일 수 있어요.

녹색아나콘다

물속을 걸어요.
아르마딜로는 얕은 개울을 건널 때 숨을 꾹 참고 물속을 걸어요. 아르마딜로의 몸은 딱딱한 등딱지로 덮여 있어서 마치 갑옷을 입은 것 같아요.

아홉줄아르마딜로는 어깨와 엉덩이 사이의 등딱지에 아홉 줄이 나 있어요.

조개잡이 시간
수달은 바위에 대고 조개를 내리쳐서 껍데기를 부셔요. 큰수달은 몸길이가 거의 2미터까지 자라지요.

우림

아시아의 정글

동남아시아에는 우림으로 덮인 섬이 많아요.
이곳에서만 사는 특별한 생물들을 만나 볼까요?

벌레잡이통풀

달콤한 덫
벌레잡이통풀은 잎자루 속 달콤한 냄새로 곤충을 부른 다음 고인 액체 속에 빠뜨려서 잡아먹어요.

보기 힘든 동물
코뿔소 중에서 가장 몸집이 작은 수마트라코뿔소는 지구상에 300여 마리밖에 살고 있지 않아요.

사람인 줄 알았네!
오랑우탄은 말레이시아 어로 '숲에 사는 사람'이라는 뜻이에요. 오랑우탄은 주로 나무 위에서 먹고 자기 때문에 나무 밑으로 잘 내려오지 않아요.

갑옷 입은 동물
천산갑은 튼튼한 비늘로 덮여 있어요. 낮에는 굴속에 숨어 있다가 밤이 되면 사냥하러 밖으로 나오지요.

말레이시아천산갑

구름무늬표범
구름무늬표범은 여느 고양잇과 동물과 달리 머리를 아래로 향한 채 나무를 타고 내려갈 수 있어요.

천산갑은 이빨이 있나요?

아시아의 정글

비단제비나비의 날개는 새의 날개와 비슷하게 생겼어요.

붉은목도리비단제비나비

날개 달린 보석
이 화려한 나비는 날개폭이 사람 손바닥만 해요. 비단제비나비 떼가 물을 마시기 위해 물웅덩이에 내려앉은 모습은 무척이나 아름답지요.

안경원숭이는 나뭇가지에 매달려서 먹이를 사냥해요.

어디든 볼 수 있어요.
안경원숭이는 눈을 움직이지 않은 채, 머리를 양쪽으로 180도 돌려서 뒤를 볼 수 있어요.

구름무늬표범은 원숭이, 긴팔원숭이, 어린 멧돼지, 사슴 등을 잡아먹어요.

구름무늬표범

안경원숭이

너무너무 큰 눈
안경원숭이의 눈은 아주 커요. 한쪽 눈이 자신의 뇌보다도 무겁지요. 이렇게 커다란 눈 덕분에 안경원숭이는 밤에도 앞을 잘 볼 수 있어요.

공작비둘기는 아시아 정글에 살아요. 기다란 꽁지깃을 이용해서 짝에게 멋진 모습을 뽐내지요.

초원

초원

드넓은 벌판에 짧은 풀들이 자라는 것을 '초원'이라고 해요. 초원은 사막보다는 비가 많이 내리고 숲보다는 비가 적게 내려요.

세계의 초원
초원은 전 세계 넓은 지역에 자리 잡고 있어요. 초원이 어디 있느냐에 따라서 부르는 이름이 각각 달라요.

포유류의 왕국
초원은 풀을 먹는 초식 동물들에게 아주 좋은 곳이에요. 이 초식 동물들을 잡아먹는 사자 같은 육식 동물에게도 고마운 장소이지요.

하루 종일 걸리는 식사
아프리카 사바나에 사는 얼룩말은 풀을 뜯어 먹느라 하루의 대부분을 보내요. 부지런히 먹어야 충분한 양분을 얻을 수 있거든요.

나무 발견!
초원에 나무가 드문드문 보이는 곳을 '사바나'라고 해요. 세계 곳곳의 열대 지방에 사바나가 있지요.

46

초원에서는 어떻게 불이 나기 시작하나요?

초원에서 견뎌야 하는 것

초원에서 사는 것이 꼭 좋은 것만은 아니에요. 초원은 날씨가 아주 심하게 바뀌고 건조할 때는 큰불이 나요.

초원 중에는 거의 일 년 내내 햇볕이 쨍쨍 내리쬐어서 덥고 건조한 곳도 있어요.

초원에서는 건조한 날씨 때문에 자연적으로 불이 나요. 이 불은 초원 동물들이 사는 데 중요한 역할을 해요.

초원에 부는 바람은 아주 거세요. 바람을 막아 줄 나무가 거의 없기 때문이지요.

북아메리카의 프레리에서는 강력한 회오리바람이 불기도 해요. 이것을 '토네이도'라고 하지요.

기린들은 사는 곳에 따라 털에 난 무늬가 각각 달라요.

나뭇잎은 내 차지!

아프리카 사바나에 사는 기린은 긴 목을 뻗어서 아까시나무와 야생살구나무의 잎을 뜯어 먹어요.

나는 누구일까요?

초원에 관한 페이지를 살펴보고 아래 그림이 무엇인지 알아맞혀 보세요.

연결 지어 읽기

풀을 먹는 동물과
잎을 먹는 동물 … 50-51쪽

정답: 배짱메뚜기 다리, 콘도르 깃털, 노란꽃의 수술, 얼룩말 갈기, 땅강아지 굴, 얼룩말 줄무늬

47

초원

풀의 바다

식물이 자라는 생장점은 대부분 식물의 꼭대기 부분에 있어요. 하지만 풀은 생장점이 아래쪽에 있기 때문에 윗부분이 뜯기거나 밟히더라도 꿋꿋이 다시 자라요.

풀은 말발굽으로 짓밟혀도 죽지 않고 다시 일어나요.

▶ 풀 한 포기

고마운 바람

풀은 수꽃의 꽃가루를 바람에 날려 보내요. 꽃가루가 암꽃에 닿아 씨앗이 만들어지면 풀은 씨앗을 바람에 날려 멀리 퍼뜨려요.

씨앗을 떨어뜨리는 풀

꽃가루가 많이 날릴 때면 사람들은 눈이 따갑고 피부가 가려운 건초열을 앓아요.

생명의 순환

사바나에는 비가 많이 내리는 때인 우기와 비가 거의 오지 않는 때인 건기가 있어요. 건기에는 풀이 누렇게 말라 죽어요. 하지만 우기가 되면 다시 파릇파릇 새 생명들이 돋아나지요.

치타

가장 오래된 바오밥나무는 과연 몇 살일까요?

풀의 바다

우리가 먹는 풀
풀은 동물뿐만 아니라 사람도 많이 먹는 음식이에요. 우리가 주로 먹는 풀들을 살펴볼까요?

 설탕을 만드는 사탕수수는 원래 열대 지방에서 자라는 커다란 풀이에요.

 옥수수 역시 우리가 즐겨 먹는 풀 중 하나예요.

 밀은 빵이나 케이크, 스파게티를 만들어 먹는 재료예요.

 아시아 사람들은 매 끼니마다 벼로 밥을 지어 먹어요.

 호밀은 밀과 섞어서 빵을 만들어 먹어요.

텍사스블루보넷

봄꽃
열대 초원인 사바나는 우기에 생명으로 가득 차지만, 온대 지방에 있는 초원은 봄에 꽃이 피고 생물들이 바빠져요.

풀의 공격
풀밭에 들어가면 옷에 씨앗이 다닥다닥 붙어요. 씨앗에 작은 고리가 달려 있어서 옷에 잘 붙는 거예요.

갈퀴덩굴의 씨앗

초원에 자라는 나무들은 주로 위쪽에만 가지가 나 있어요. 아랫부분은 동물들이 벌써 뜯어 먹었기 때문이지요.

아까시나무 기린

바오밥나무
아프리카에서 자라는 바오밥나무는 물을 잔뜩 빨아들여서 줄기에 저장해요. 그래야 건기 때 푹푹 찌는 더위에도 살아남을 수 있거든요.

3,000살 된 나무.

초원

풀을 먹는 동물과 잎을 먹는 동물

초원은 가장 몸집이 큰 동물과 가장 크고 가장 빠른 육상 동물이 사는 곳이에요. 또한 지구상에서 가장 커다란 새도 볼 수 있지요.

풀을 먹고 있는 영양

풀이 맛있어요.
풀을 뜯어 먹는 동물은 큰 무리를 이루어 다녀요. 이 동물들의 장 속에는 풀이 잘 소화되도록 돕는 박테리아들이 살고 있지요.

난 흰코뿔소라니까!
흰코뿔소는 이름처럼 새하얗지는 않아요. 흰코뿔소의 입술은 풀을 뜯어 먹기 좋도록 넓고 편평하지요.

흰코뿔소

입맛 까다로운 동물
누는 갓 돋아난 부드러운 풀을 좋아해요. 먼저 풀을 삼켰다가 다시 게워서 씹어 먹지요. 이렇게 여러 번 씹고 삼키는 것을 '되새김질'이라고 해요.

누는 영양의 친척이에요.

누

아프리카에 사는 타조는 2.8미터까지 자라요.

오스트레일리아에 사는 에뮤는 1.9미터까지 자라요.

남아메리카에 사는 레아는 1.5미터까지 자라요.

커다란 새들
초원에는 날지 못하는 아주 커다란 새들이 살고 있어요. 바로 타조, 에뮤, 레아지요. 그중에서도 가장 큰 새는 타조랍니다.

세계에서 가장 큰 육상 동물은 누구일까요?

풀을 먹는 동물과 잎을 먹는 동물

풀로 엮은 집
풀은 음식뿐만 아니라, 집을 짓는 재료도 돼요. 베짜는새라고도 불리는 산까치는 풀과 잎 조각을 엮어서 멋진 둥지를 만들지요.

산까치

산까치 둥지

둥지 입구는 나팔 모양이에요.

연결 지어 읽기
초식 동물을 사냥하는 육식 동물 … 52-53쪽

잎이 맛있어요.
초원에는 덤불이나 나무에 달린 잎을 먹는 동물들도 있어요. 게레누크는 뒷다리로 서서 나뭇잎을 뜯어 먹지요.

게레누크

검정코뿔소

난 검정코뿔소야!
검정코뿔소는 잎을 먹는 동물이에요. 이들은 갈고리처럼 뾰족하게 생긴 입술로 키 작은 나무의 잎을 쭉 잡아당겨서 뜯어 먹어요.

걸음아 날 살려!
초원에는 숨을 곳이 많지 않아요. 그래서 초식 동물들은 천적보다 빠르게 달리거나 오랜 시간 지치지 않고 달릴 수 있어야 해요.

스프링복은 마치 스프링이 달린 것처럼 펄쩍펄쩍 뛰어오르면서 달립니다.

가지뿔영양은 무척 빨라요. 시속 65킬로미터의 속도로 달려서 적으로부터 도망칠 수 있지요.

얼룩말도 시속 65킬로미터의 속도까지 달릴 수 있어요. 대부분의 육식 동물들보다 빠른 속도지요.

누는 몸집이 크지만 시속 80킬로미터의 속도로 달릴 수 있어요.

톰슨가젤은 스프링복과 마찬가지로 펄쩍 뛰어오르면서 달려요.

타조는 시속 70킬로미터의 속도로 30분 동안이나 달릴 수 있어요.

초원의 천하장사
코끼리는 기다란 코로 기린도 닿지 않는 나뭇잎까지 먹을 수 있어요. 때로는 나무를 밀어서 쓰러뜨리기도 해요.

아프리카코끼리

초원

사냥꾼과 청소부

수많은 초식 동물이 사는 초원에는 육식 동물들도 많이 살아요. 그중에는 직접 먹이를 사냥하는 동물도 있고 죽은 동물의 찌꺼기를 먹는 동물도 있지요.

초원의 왕자
사자는 아프리카 초원에서 두려울 것이 없어요. 무리 지어서 사냥하면 물소나 기린처럼 커다란 동물들도 잡을 수 있지요.

뺏을 테면 뺏어 봐!
육식 동물들은 잡은 먹이를 서로 뺏으려고 해요. 나무 타기 선수인 표범은 먹이를 뺏기지 않으려고 나무 위로 끌고 올라가요.

표범

멸종 직전의 동물
검은발족제비는 북아메리카에 사는 가장 희귀한 포유류예요. 검은발족제비는 프레리도그가 사는 구멍까지 쫓아 들어가 사냥하지요.

날쌘 사냥꾼
치타는 세계에서 가장 빠른 육상 동물이에요. 시속 100킬로미터의 속도로 달려서 먹이를 사냥할 수 있어요.

치타

검은발족제비

하이에나는 고양이와 개 중 어느 동물에 더 가까울까요?

사냥꾼과 청소부

얼룩점박이하이에나

죽은척하기

아마도 이 썩은 냄새 나는 주머니쥐를 먹고 싶은 동물은 없겠지요? 사실 이 주머니쥐는 썩은 냄새를 뿜어 대면서 죽은척하고 있는 거예요.

버지니아주머니쥐는 안전하다고 느낄 때까지 6시간 동안이나 가만히 누워 있기도 해요.

버지니아 주머니쥐

뼈까지 아작아작

하이에나는 한 끼에 자기 몸무게의 3분의 1이나 되는 무게만큼을 먹어 치울 수 있어요. 하이에나는 강한 턱으로 뼈까지 오도독 씹어 먹고 뼈와 가죽도 소화시켜요. 이들이 식사를 하고 난 자리엔 남는 것이 거의 없지요.

독수리는 머리에 털이 없어요. 그래서 죽은 고기를 먹을 때 더러워지지 않아요.

독수리

초원의 청소부

독수리나 하이에나처럼 죽은 동물들을 먹는 동물을 '스캐빈저'라고 해요. 스캐빈저들은 고기가 신선하든 썩었든 가리지 않고 깨끗이 먹어 치워요.

하이에나는 교활한 터 센 동물로 불려내요.

초원

지하 세계

아래에 보이는 동물들은 다른 대륙에서 살고 있기 때문에 실제로 만날 일은 거의 없어요. 하지만 모두들 땅속을 좋아한다는 점에서 아주 비슷하지요.

후닥닥 땅굴 파기
아프리카에 사는 땅돼지는 땅을 아주 빨리 팔 수 있어요. 땅을 파기 시작한 지 오 분 만에 땅속으로 사라져 버리지요.

타고난 굴 파기 선수
오스트레일리아 사는 웜뱃은 20미터나 되는 깊이로 굴을 팔 수 있어요. 저녁이 되면 웜뱃은 풀이나 나무껍질을 갉아 먹으러 밖으로 나와요.

웜뱃

토끼 굴

토끼는 풀을 뜯느라 하루의 대부분을 보내요. 그렇지만 자신이 사는 굴에서 멀리 떠나지 않아요.

토끼

웜뱃이 판 땅굴

반갑지 않은 손님
토끼는 농부들에게 골칫덩어리예요. 농작물을 먹어 치울 뿐만 아니라 넓게 땅굴을 파 놓아서 밭을 못 쓰게 만들거든요.

토끼 굴

54   땅돼지는 무엇을 먹고 살까요?

지하 세계

지하 도시
미국에 사는 검은꼬리프레리도그는 기다란 굴을 파요. 기다란 굴들이 서로 이어지면 땅속에 커다란 도시가 만들어져요.

작지만 무서운 곤충들
초원에서 자라는 풀의 대부분을 먹어 치우는 동물은 커다란 초식 동물들이 아니에요. 바로 작은 곤충들이지요.

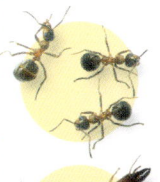
개미는 씨앗까지 먹어 버려요. 이 작은 동물은 전 세계에 살고 있어요.

흰개미들은 식물을 갉아서 자른 다음, 흰개미 집으로 가져가요.

나무줄기 사이를 뛰어다니는 귀뚜라미는 풀을 갉아 먹을 뿐만 아니라 곤충도 잡아먹어요.

메뚜기는 기다란 뒷다리로 폴짝폴짝 뛰어요. 메뚜기는 귀뚜라미와 달리 풀만 먹고 살아요.

애벌레는 어른벌레가 되기 위해 끊임없이 먹어야 해요. 애벌레의 종류마다 주로 먹는 식물이 다르지요.

여긴 내가 찜했어!
프레리도그가 살다가 떠난 굴에는 작은 구멍파기올빼미가 살기도 해요. 이들은 굴 밖을 서성대며 먹이가 지나가길 기다리지요.

구멍파기올빼미

함께 살아가기
아프리카에 사는 줄무늬몽구스는 15~20마리가 무리를 이루며 살아요. 해가 지면 굴에서 나와 흰개미나 맛있는 새알을 찾으러 다녀요.

줄무늬몽구스는 땅을 팔 수 있지만, 주로 흰개미가 만들고 떠난 굴에 들어가 살아요.

줄무늬몽구스

땅굴 파는 뱀
미국소나무뱀은 뾰족한 코로 부드러운 흙을 밀면서 땅속을 기어 다녀요. 그러다가 기회가 생기면 다른 동물이 파 놓은 굴을 차지해요.

흙파는쥐

이건 나중에 먹어야지!
흙파는쥐는 굴을 파는 동안 먼지가 입에 들어가지 않도록 툭 튀어나온 앞니만 남긴 채 입술을 닫아요. 흙파는쥐는 먹고 남은 음식을 양쪽 볼 주머니에 볼록하게 담지요.

미국소나무뱀

초원

흰개미 왕국

초원에는 흰개미가 수십억 마리나 살고 있어요. 흰개미들은 함께 모여서 거대한 무리를 이루고 엄청나게 큰 집을 지어요.

어떻게 만들까요?
맨 처음 수개미와 여왕개미가 집을 지으면 일개미들이 조금씩 높이 쌓아요.

미로 같은 방
흰개미들이 흙으로 지은 탑 안은 여러 갈래의 길과 방으로 가득 차 있어요. 이 방들은 우리가 사는 집처럼 쓰임새가 각각 다르지요.

따뜻한 공기는 가벼워서 굴뚝을 통해 빠져나오고 찬 공기만 남아요. 그래서 탑 안은 언제나 시원해요.

냉각 굴뚝
흰개미 집 중에는 굴뚝이 난 것도 있어요. 이 굴뚝은 마치 에어컨처럼 흰개미 집을 시원하게 해 줘요.

▲ 지면

이 방은 흰개미들이 곰팡이를 키우는 곳이에요.

흰개미들은 집 가운데에 있는 보육실에서 새끼를 길러요.

서늘해서 좋아요.
흰개미 집에는 습기가 많아요. 흰개미들이 숨을 내쉴 때 생기는 이 습기 덕분에 흰개미 집은 더욱 시원해져요.

음식 창고

방 안쪽 벽은 흰개미가 부드러운 나무에 침을 섞어서 만들어요.

수개미와 여왕개미는 왕실에 살면서 일개미들이 가져다주는 음식을 먹어요.

아프리카에 사는 여왕 흰개미는 평생 동안 얼마나 많은 알을 낳을까요?

흰개미 왕국

누가 누가 사나요?

흰개미 집에는 네 종류의 흰개미가 살아요.
여왕개미, 병정개미, 일개미 그리고 수개미지요.

병정개미

병정개미

병정개미는 흰개미 집을 지켜요. 강한 턱을 이용해서 침입자를 물어뜯거나, 끈적이는 액체를 뿜어 꼼짝달싹 못하게 만들지요.

병정개미들은 수도꼭지 같이 생긴 머리에서 끈적이는 액체를 뿜어내요.

낳고 또 낳고

여왕 흰개미는 크기가 새끼손가락만 해요. 여왕개미는 50년 가까이 살 수 있는데, 일개미들의 도움을 받아 하루에 36,000개의 알을 낳아요.

수개미는 여왕개미와 같이 살아요.

일개미

흰개미 집에 사는 흰개미의 대부분은 일개미들이에요. 일개미들은 식물과 진흙, 배설물을 오물오물 씹어서 집을 지어요.

일개미들

거대한 흰개미 집

큰 흰개미 집을 지으려면 적어도 10년은 걸려요.

다양한 모양

흰개미는 자기 몸 크기에 비해 아주 큰 집을 지어요. 집의 모양은 무척이나 다양하지요.

우산 모양을 한 흰개미 집

허겁지겁 먹어요.

흰개미는 개미핥기가 좋아하는 먹이예요. 개미핥기는 병정개미들이 거세게 공격하기 전에 얼른 일개미들을 잡아먹어요.

앞발 갈고리 발톱으로 6centimeter 두께의 흰개미 집도 간단히 뚫어버립니다.

초원

잡초와 야생화

들판에 자라는 야생화들은 참 아름다워요. 하지만 그중에는 너무 빨리 퍼져나가서 농부들에게 골칫덩어리가 되는 것도 있어요.

금불초는 독이 있어서 말, 조랑말, 당나귀 같은 가축들이 먹으면 위험해요.

낙하산 모양을 한 엉겅퀴의 열매는 바람을 타고 멀리 멀리 퍼질 수 있어요.

땅에 붙어 자라는 데이지는 잔디 같은 짧은 풀들 사이에서 잘 자라요.

앵초는 초원이나 숲 가장자리, 나무를 벤 자리에서 볼 수 있어요.

사향아욱은 6월과 9월 사이에 예쁜 꽃을 피워요.

솔나물은 작은 별 모양의 예쁜 꽃을 피우지요.

솔체꽃은 한 포기당 2,000개의 씨앗을 만들 수 있어요.

토끼풀은 콩과 식물이에요. 콩과 식물들은 흙을 비옥하게 해 주기 때문에 농사를 짓는 데 도움이 돼요.

민들레는 작은 꽃잎들이 둥글게 겹쳐져서 피어요. 각각의 꽃잎들은 이내 씨앗으로 바뀌지요.

쥐손이풀은 숲에서 자라는 풀이지만 마른 풀이 있는 초원에서도 잘 자라요.

미나리아재비 한 송이는 30개의 씨앗을 만들어요. 미나리아재비 한 포기는 약 22,000개의 씨앗을 만들 수 있지요.

초원의 생활

여름이면 초원은 여러 가지 동식물들로 가득해져요. 마치 작은 정글처럼 온갖 생물들을 볼 수 있지요.

숨겨진 길
초원의 땅속에는 두더지들이 살고 있어요. 땅속은 컴컴하기 때문에 두더지는 앞을 제대로 못 볼 정도로 눈이 나빠요.

유럽두더지

땅 아래에서
두더지들은 타고난 광부예요. 기다란 굴을 만들면서 파낸 흙은 쌓이고 쌓여서 커다란 흙더미를 이루지요.

동자꽃

조심해!
꽃게거미들은 꽃들 사이에 숨어 있다가 벌이나 나비가 가까이 오면 잽싸게 낚아채요.

꽃게거미

항아리 속 초원
항아리 속에 축축한 흙을 담고 풀씨를 조금씩 뿌리세요. 이 항아리를 창가에 놓고, 물을 계속 주면 씨앗이 자라는 걸 볼 수 있어요.

굼벵이무족도마뱀은 얼마나 오래 살까요? ① 1년 ② 5년 ③ 50년

초원의 생활

꽃에서 씨앗으로

민들레는 초원 곳곳에서 찾을 수 있어요. 민들레 씨앗은 낙하산 모양으로 생겨서 바람에 아주 잘 날리거든요.

민들레도 때로는 곤충의 도움을 빌어 가루받이를 해요.

민들레 씨앗

꽃잎이 시든 자리에는 바람에 날리기 좋은 모양을 한 민들레 씨앗이 생겨나요.

바람이 낙하산을 들어서 날리면 씨앗은 멀리멀리 퍼져요.

부글부글 거품 내기

거품벌레 애벌레는 말라 죽지 않도록 축축하고 끈적끈적한 거품을 만들어요. 이 거품은 애벌레들이 잡아먹히지 않도록 보호하는 역할도 해요.

꼬마 원숭이

멧밭쥐들은 원숭이처럼 능숙하게 나무줄기를 타요. 조그만 멧밭쥐의 둥지는 크기가 테니스공만 하지요.

멧밭쥐

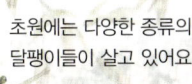
멧밭쥐는 설탕 한 숟가락보다도 가벼워요.

느리지만 꾸준히

굼벵이무족도마뱀은 다리 없는 도마뱀이에요. 뾰족한 이빨로 꼬물거리는 벌레나 달팽이를 잡아먹지요.

초원에는 다양한 종류의 달팽이들이 살고 있어요.

굼벵이무족도마뱀

초원

물웅덩이

사바나는 건기 동안 물을 얻기가 무척 어려워요. 확실하게 물을 찾을 수 있는 곳은 바로 물웅덩이예요. 그래서 물웅덩이는 목마른 동물들로 항상 북적거리지요.

고마운 친구들
큰 동물들은 종종 할미새와 함께 물웅덩이에 나타나요. 할미새는 큰 동물의 털 속에 살고 있는 해로운 진드기와 거머리를 잡아먹어 주거든요.

진흙에서 첨벙첨벙
혹멧돼지는 진흙으로 목욕을 해요. 더 더러워지는 것처럼 보이지만 진흙을 묻히면 몸이 시원해지고, 벼룩 같은 해로운 벌레들을 없앨 수 있답니다.

아프리카 임팔라

할미새는 동물들에게 해로운 벌레를 잡아 주고 몸에 난 상처가 곪지 않도록 깨끗하게 청소해 줘요.

빨간부리할미새

뿔닭

물웅덩이는 왜 동물들로 붐빌까요?

물새

물웅덩이에서는 종종 물고기나 개구리를 사냥하는 새들의 모습을 볼 수 있어요. 대표적인 물새들을 한번 살펴볼까요?

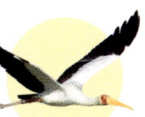

노랑부리황새는 발로 물을 휘휘 저어서 물고기와 개구리를 놀라게 해요.

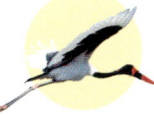

안장부리황새는 황새 중에 가장 커요. 날개폭이 2.7미터나 되지요.

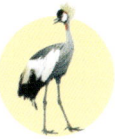

관머리두루미는 머리에 멋진 장식이 있어서 붙은 이름이에요.

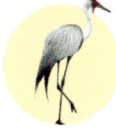

볼장식두루미는 다른 동물들이 오지 못하도록 둥지 주위에 깊은 도랑을 파 놓아요.

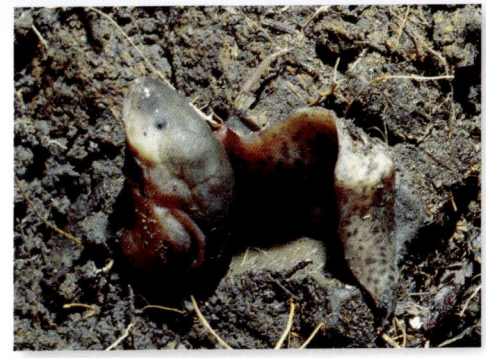

비가 오면 깨워 주세요.

물웅덩이 중에는 건기 동안 바닥을 드러내는 것도 있어요. 그러면 아프리카폐어는 끈끈한 진흙 속에 파묻혀 비가 올 때까지 잠을 자요.

자꾸자꾸 목이 말라요.

동물들은 자주 물웅덩이를 찾아와요. 특히 하루에 물을 200리터나 마시는 코끼리는 물웅덩이의 단골손님이에요.

동물들은 물웅덩이에서 더위를 식혀요.

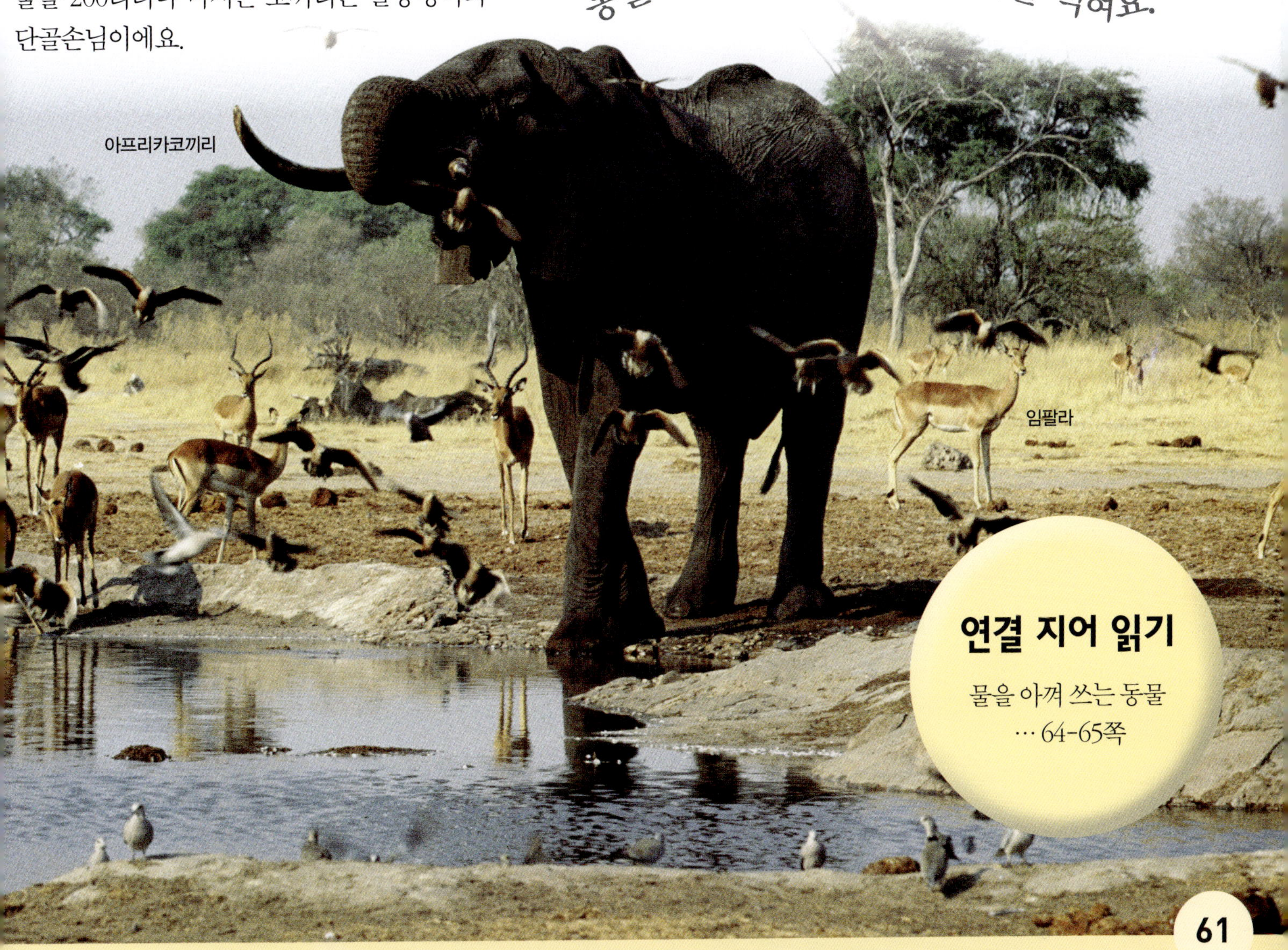
아프리카코끼리

임팔라

연결 지어 읽기

물을 아껴 쓰는 동물
… 64-65쪽

건기에는 물웅덩이가 아주 넓은 곳을 통틀어 몇 군데밖에 되지 않기 때문입니다.

사막

비가 거의 오지 않는 사막은 지구상에서 가장 건조한 곳이에요. 더위와 목마름을 잘 참는 굳센 생물들을 만나 볼까요?

세계의 사막
세계의 4분의 1은 사막으로 이루어져 있어요. 북아프리카에 있는 사하라 사막이 가장 큰 사막이지요.

이상한 날씨
낮 동안 사막은 불타는 것처럼 뜨거워요. 하지만 밤이 되면 사막은 놀랍도록 추워지지요. 엄청난 모래 폭풍도 자주 불어 닥치고 심지어 눈보라가 일어나는 곳도 있어요.

회색고리왕뱀

살아남은 동물들
사막에서는 식물이 거의 자라지 않기 때문에 육식 동물이 많이 살아요. 동물들은 대부분 뜨거운 낮 동안 땅속에 숨어 있다가, 밤이 되면 일어나 사냥을 해요.

가장 키가 큰 선인장은 몇 미터나 될까요?

사막 상식

사막은 무척이나 견디기 힘든 환경이에요. 사막에 대한 여러 가지 사실들을 한번 살펴볼까요?

 가장 추운 사막은 아시아의 고비 사막이에요.

사막은 비가 일 년 동안 250밀리미터보다 적게 내려요.

 가장 더운 사막은 사하라 사막이에요.

가장 건조한 사막은 남아메리카의 아타카마 사막이에요.

 가장 넓은 사막도 사하라 사막이에요. 아프리카 대륙의 3분의 1을 차지하지요.

선인장은 대부분 잎 대신 가시나 털이 나요. 가시 때문에 동물들은 선뜻 선인장을 먹지 못하지요.

선인장

살아남은 식물들

물이 부족한 곳에서 식물들이 살아남기란 아주 힘들어요. 선인장은 비가 올 때 줄기에 물을 잔뜩 저장해 둬요.

사막

나는 누구일까요?

사막에 관한 페이지를 살펴보고 아래 생물들이 누구인지 알아맞혀 보세요.

연결 지어 읽기

사막 동물 … 64-65쪽
사막 식물 … 66-67쪽

20미터 위로 물을 끌어올릴 수 있어요.

속로몬 사이에도

63

사막

사막 동물

낮 동안 사막은 덥다 못해 뜨거울 정도예요.
동물들이 어떻게 더위를 식히는지 알아볼까요?

동물들의 피서법
사막의 동물들은 열을 식히기 위해 여러 가지 놀라운 방법들을 익혔어요.

물이 없어도 문제없어요!
낙타는 물을 마시지 않고도 3주 동안 버틸 수 있어요. 대신 한 번 마시는 양이 엄청나게 많지요.

낙타는 등에 있는 혹 말고는 살갗 아래에 지방이 없기 때문에 더워지지 않아요.

 사막여우는 큰 귀로 열을 내보내요. 발바닥은 털로 덮여 있기 때문에 뜨거운 모래 위를 걸어도 데지 않아요.

 캥거루는 앞다리를 핥아서 체온을 낮춰요.

 아시아나 아프리카에 사는 모래쥐는 땅속에 굴을 파서 더위를 피해요.

 땅거북은 앞다리를 몸통 밑으로 조금씩 내디디며 체온을 낮춰요.

 칼라하리땅다람쥐는 복슬복슬한 꼬리로 그늘을 만들어요.

 쇠콘도르는 다리에 오줌을 눠서 더위를 식히거나 서늘한 곳으로 날아가요.

모래 속에서 수영하기
황금두더지는 더위를 피해 모래 속을 헤집고 다녀요. 땅 밑에 먹잇감이 있기 때문에 황금두더지는 좀처럼 땅 위로 나오지 않아요.

문을 닫아요!
문닫이거미는 굴 입구에 문을 만들어요. 먹이를 잡으면 잽싸게 굴로 들어가 문을 닫지요.

덫의 크기는 구슬만 해요.

문닫이거미

낙타는 발이 편평하고 푹신푹신해서 모래 속에 빠지지 않고 걸을 수 있어요.

앗, 뜨거!

혹이 하나인 낙타를 뭐라고 부를까요?

사막 동물

모래다이빙도마뱀

모래다이빙도마뱀은 발을 번갈아 들어 올려요.

발을 번쩍!
모래가 너무 뜨거워지면 모래다이빙도마뱀은 발을 들어서 열을 식혀요.

스르륵스르륵 미끄러져요.
뿔방울뱀은 몸을 구부려서 옆으로 미끄러지듯 움직여요. 이렇게 하면 뜨거운 모래가 몸에 덜 닿지요.

낙타는 혹에 있는 지방을 분해해서 물을 만들어요.

수백 년 동안 사람들은 사막을 건너는 데 낙타를 이용했어요.

긴 속눈썹

바람이 불면 낙타는 콧구멍을 닫아서 모래가 폐로 들어오는 것을 막아요.

낙타는 '사막의 배'라고도 불러요.

죽음의 덫
명주잠자리 애벌레인 개미귀신은 깊고 작은 구멍을 파서 곤충을 잡아요. 곤충이 구멍에 빠지면 데굴데굴 굴러서 곧장 개미귀신의 입 속으로 들어가지요.

개미귀신

물 좀 마셔 볼까?
아침이면 나미브 사막에 사는 딱정벌레는 물구나무서기를 해요. 그러면 안개가 딱정벌레의 몸에 이슬로 맺혀서 입까지 흘러내려요..

도랑에서 물을 모아요.
가시도마뱀의 등에는 가느다란 홈이 입까지 패어 있어요. 이 홈을 따라 이슬이 모여서 입으로 흘러 들어가지요.

가시도마뱀

사막

사막 식물

비가 거의 안 오는 사막에서는 식물들이 살기 힘들어요. 사막 식물은 한 방울의 물이라도 아끼고, 목마른 동물에게 물을 뺏기지 않아야 하지요.

노미옥

가시투성이 식물

선인장은 특이한 식물이에요. 대부분 잎 대신에 뾰족한 가시를 갖고 있거든요. 선인장은 줄기 속에 물을 가득 저장해서 사막에서도 살 수 있어요.

진짜 선인장은 누구?

선인장은 오직 아메리카 대륙에서만 자라요. 아프리카와 아시아 사막에 자라는 등대풀은 선인장처럼 생겼지만 사실은 전혀 다른 식물들이에요.

선인장을 보호하는 가시

선인장 곁에는 긴 주름들이 나 있어서 선인장이 줄었다 부풀었다 할 수 있어요.

표면은 반들반들한 왁스 층으로 되어 있어서 물이 잘 빠져나가지 않아요.

선인장의 둥근 모양은 공기에 닿는 부분을 줄여 줘요.

물을 저장해서 부풀어 오른 줄기

너도 선인장이니?

선인장

등대풀

용설란

에이, 거짓말!

용설란은 잎이 용의 혀 같이 생겼다고 붙은 이름이에요. 사람들은 용설란이 100년 동안 살면서 딱 한 번 꽃을 피우고 죽는다고 생각했어요. 하지만 실제로는 25년 동안만 살 수 있어요.

10년이 지나야 꽃이 피어요.

연결 지어 읽기

잡초와 야생화 … 58-59쪽

선인장은 몇 종류나 될까요?

사막 식물

오래 사는 식물들
식물 중에는 오랜 세월에 걸쳐 천천히 자라는 것도 있어요. 사막에 사는 오래 사는 식물들을 만나 볼까요?

자갈 풀
노미옥은 두툼한 잎이 꼭 돌처럼 생겨서 초식 동물들을 헷갈리게 해요. 잎에 난 틈이 더 넓게 벌어지면 그 사이로 예쁜 꽃이 피지요.

데굴데굴 굴러요.
가을이 되면 회전초는 밑동이 부러져서 바람에 날려요. 회전초 한 포기가 25만 개나 되는 씨앗을 퍼뜨리니까 누군가는 살아남겠죠?

 웰위치아는 2,000살까지도 살아요.

 강털소나무는 5,000살까지 살아요.

 남가새과의 관목은 무리 지어서 12,000년이나 살 수 있어요.

코끼리발나무

살아 있는 물통
마다가스카르에서 자라는 코끼리발나무는 뭉뚝한 줄기가 마치 코끼리의 발처럼 생겼어요. 줄기에는 물을 잔뜩 저장할 수 있지요.

목마를 땐 나를 찾으세요.
야생에서 자라는 수박은 땅속에서 익어요. 그래서 사막에 사는 사람들은 목이 마를 때면 수박 잎이 난 곳부터 찾았어요.

수박

수박은 원래 남아프리카에서 자라던 덩굴풀이에요.

떡잎   푸른에케베리아

촉촉하고 즙이 많아요.
물을 가득 저장하는 식물은 잎과 줄기가 통통해요.

67

사막

오아시스

사막에도 물이 풍부한 곳이 있어요. 바로 오아시스예요. 오아시스는 마치 모래 바다에 떠 있는 섬처럼 온갖 식물들로 가득해요.

어디에 만들어질까요?

오아시스는 지하수가 식물의 뿌리에 닿을 만큼 땅 표면 가까이 흐르는 곳에서 만들어져요.

쟁기발두꺼비

오랜 기다림

쟁기발두꺼비는 여러 달 동안 바짝 마른 사막의 땅속에 묻혀 지내요. 비가 오면 재빨리 땅 위로 올라가 알을 낳지요.

사막 사람들의 주식

사하라의 오아시스에는 대부분 대추야자나무가 자라고 있어요. 사람들이 대추야자를 먹기 위해 심은 거예요.

무시무시한 메뚜기 떼

사막메뚜기는 보통 혼자 살지만 폭우가 오고 나면 모여서 큰 무리를 이루어요. 심지어 사막메뚜기 떼가 500억 마리가 넘을 때도 있어요.

대추야자

거대한 술통선인장

68

오아시스는 크기가 작을까요?

오아시스

언제나 준비되어 있어요.
긴꼬리투구새우는 50년이 넘도록 알인 채로 지낼 수 있어요. 마침내 비가 오면 얼른 자라서 단 몇 주 만에 짝짓기를 하고 알을 낳아요.

투구새우

긴꼬리투구새우는 올챙이새우라고도 해요.

노랑무늬도롱뇽

꽃피는 선인장
많은 선인장들이 아름다운 꽃을 피워요. 그중에는 며칠 동안만 꽃이 피는 것도 있고 몇 개월 동안이나 꽃이 피는 것도 있어요.

갈매기선인장은 이름처럼 꽃이 갈매기 모양이에요. 나팔 모양의 꽃이 가느다란 관을 통해 통통한 줄기에 이어져 있지요.

기둥선인장은 벌에 의해 가루받이를 해요.

밤에피는선인장은 이름처럼 밤에 꽃을 피워요. 하얀 꽃의 크기는 손바닥만 하지요.

사막에서 사는 도롱뇽
도롱뇽은 주로 축축한 곳에 살지만 사막에서도 볼 수 있어요. 노랑무늬도롱뇽은 비가 올 때까지 땅속에서 지내지요.

노랑무늬도롱뇽은 가장 큰 얼룩 도롱뇽이에요.

비가 오기만 기다려요.
사막 식물 중에는 비가 올 때까지 아예 자라지 않는 것도 많아요. 내내 씨앗인 채로 있다가 비가 오면 재빨리 싹을 틔우고 꽃을 피우지요.

사막메뚜기

바위 속의 악어
사하라 사막에는 악어도 살고 있어요. 이 놀라운 악어들은 땅속 동굴에 있다가 비가 오면 밖으로 나와요.

사막악어

오아시스 주변에는 도마뱀도 많이 살고 있어요.

사막

사막의 밤

해가 지면 고요했던 사막은 달라져요. 더위를 피해 숨어 있던 동물들이 슬그머니 나와, 먹잇감을 사냥하러 돌아다니지요.

해는 싫어요!
전갈은 물속에서도 3일 동안 살 수 있고 꽁꽁 얼어붙는 날씨 속에서 일 년 내내 굶어도 살 수 있어요. 하지만 밝은 태양만은 견딜 수 없지요.

사막전갈

박쥐귀여우

귀가 큰 여우
아프리카에 사는 박쥐귀여우는 커다란 귀로 낮 동안 더위를 식히고 밤이 되면 큰 귀로 곤충들이 있는 곳을 알아내요.

약삭빠른 코요테
코요테는 사막을 비롯한 여러 지역에서 살고 있어요. 코요테는 땅속에서 작은 동물들이 움직일 때 내는 떨림으로 어디 있는지 찾아낼 수 있어요.

밤이 되면 코요테는 독특한 소리로 울부짖어요.

코요테

사막도마뱀붙이

이제 슬슬 나가 볼까?
사막도마뱀붙이는 낮 동안은 굴속에서 지내다가 해가 지면 곤충을 잡으러 돌아다녀요.

새벽이나 저녁에만 활동하는 동물들은 뭐라고 하나요?

사막의 밤

박쥐의 공격
박쥐는 하루 종일 굴 안에서 시간을 보내다가 어두워지면 굴 밖으로 나와요. 그러고는 나방, 귀뚜라미, 딱정벌레 등을 사냥하러 이리저리 날아다니지요.

박각시

야간비행
벌새만큼 커다란 박각시는 밤이 되면 꽃 꿀을 얻으러 난초를 찾아다녀요.

캘리포니아잎코박쥐

서부산호뱀

바쁘다 바빠!
거미도 밤이 되면 바빠지는 동물이에요. 커다란 타란툴라는 메뚜기나 다른 곤충들을 잡아먹어요.

타란툴라

물러서!
서부산호뱀의 독은 방울뱀보다 두 배나 강해요. 하지만 서부산호뱀은 밤에만 돌아다니기 때문에 사람과 마주치는 일은 별로 없어요.

'여왕벌 쏨뱅이, 이리 따라와.'

71

사막

소노란 사막

북아메리카의 소노란 사막은 매우 넓어요. 이곳은 다른 사막에 비해 비가 많이 내리기 때문에 다양한 생물들이 살고 있어요.

나는 몇 살일까요?
소노란 사막에서 자라는 사와로선인장은 일 년에 2.5센티미터밖에 자라지 않아요. 그렇다면 높이가 15미터나 되는 사와로선인장은 과연 몇 살일까요?

수컷일까, 암컷일까?
개미벌은 이름과 달리 말벌의 일종이에요. 수컷 개미벌은 날개가 달려 있지만 암컷 개미벌은 날개가 없어요. 대신 고약한 벌침을 가지고 있지요.

개미벌

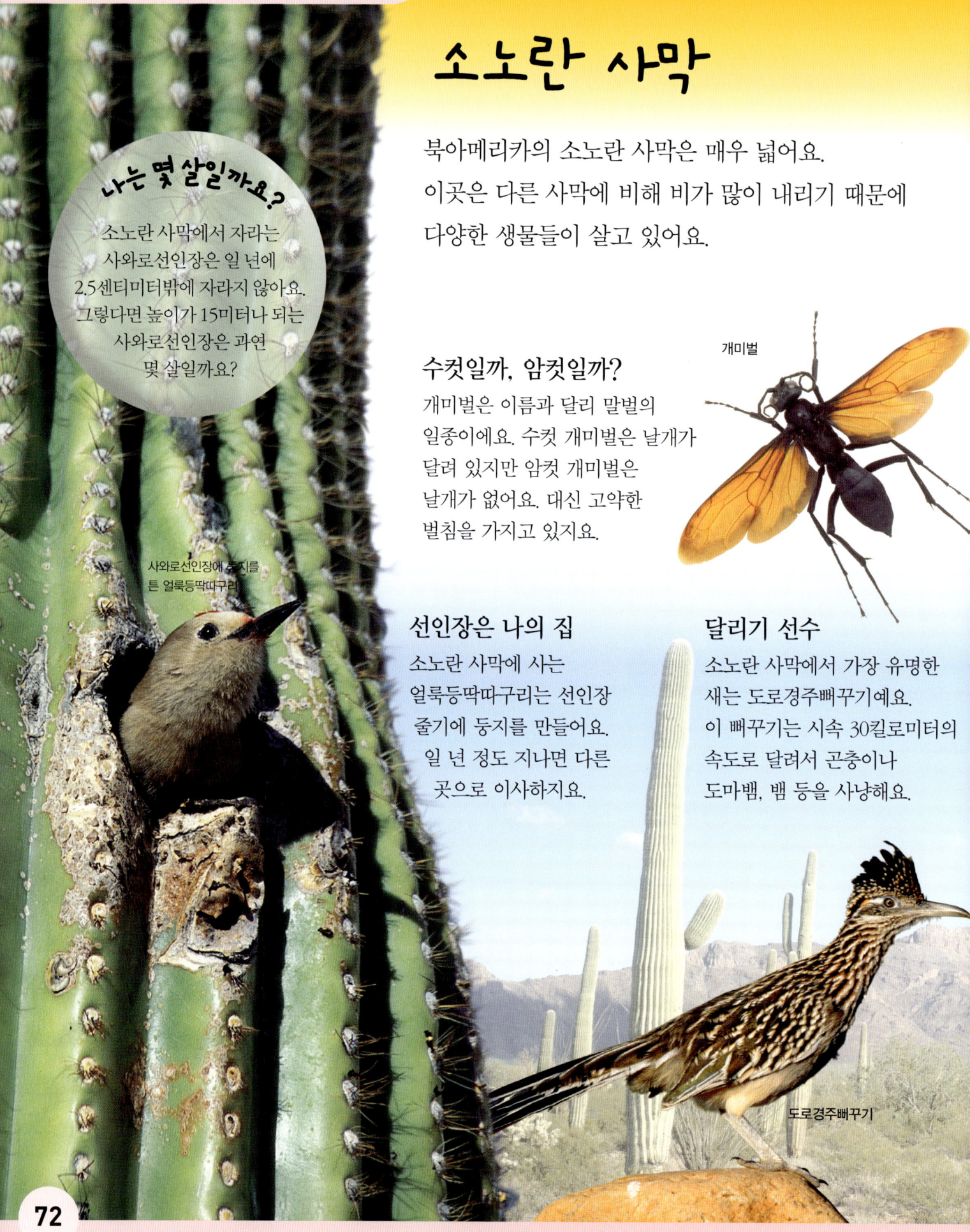

사와로선인장에 둥지를 튼 얼룩등딱따구리

선인장은 나의 집
소노란 사막에 사는 얼룩등딱따구리는 선인장 줄기에 둥지를 만들어요. 일 년 정도 지나면 다른 곳으로 이사하지요.

달리기 선수
소노란 사막에서 가장 유명한 새는 도로경주뻐꾸기예요. 이 뻐꾸기는 시속 30킬로미터의 속도로 달려서 곤충이나 도마뱀, 뱀 등을 사냥해요.

도로경주뻐꾸기

소노란 사막에 숲이 있나요?

소노란 사막

사막에 사는 파충류

소노란 사막에서는 도마뱀, 뱀, 거북을 비롯한 많은 파충류들을 볼 수 있어요.

독이 있는 도마뱀은 세상에 단 두 종류뿐이에요. 미국독도마뱀은 그중 하나이지요.

사막거북은 주로 땅속에서 생활해요.

방울뱀은 꼬리에 있는 방울을 흔들어서 적에게 가까이 오지 말라고 경고해요.

왕뱀은 다른 뱀도 먹을 수 있어요. 그래서 왕뱀이라는 이름이 붙었지요.

알락꼬리고양이

고양이일까요?
알락꼬리고양이는 이름과 달리 고양이가 아니에요. 오히려 너구리에 더 가깝지요. 하지만 마치 고양이처럼 자신의 몸을 깨끗이 해요.

야행성인 알락꼬리고양이는 밤이 되면 쥐, 다람쥐, 개구리, 곤충 등을 사냥하러 나타나요.

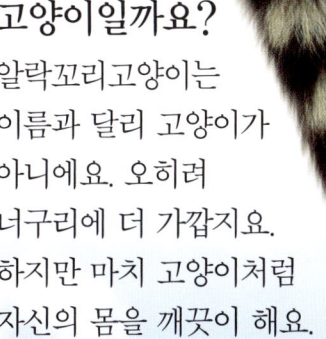

사와로선인장

물을 가득 채워요.
비가 내리면 사와로선인장은 물을 듬뿍 빨아들여요. 사와로선인장은 자동차 무게만큼의 물도 흡수할 수 있지요.

사막에 사는 돼지
페커리는 돼지의 먼 친척이에요. 페커리는 눈이 무척 나쁜 대신 냄새는 아주 잘 맡아요. 페커리 자신에게도 아주 강한 냄새가 나요.

페커리

가루는 뱀이에요. 대신 사와로선인장의 속을 파고 둥지를 만들어요.

산과 동굴

산과 동굴

바위가 많은 산과 동굴에도 생물들이 살고 있어요.
산에 살려면 다양하게 변하는 날씨를 겪어야 하고
동굴에 살려면 깜깜한 어둠에 적응해야 하지요.

세계의 산맥
산이 길게 이어진 곳을 '산맥'이라고 해요.
지도를 통해 세계적으로 유명한 산맥들을
살펴보세요.

로키 산맥
알프스 산맥
히말라야 산맥
안데스 산맥

퓨마

산이 좋아요.
산에는 모든 종류의 동물이 살고 있어요.
퓨마처럼 많은 동물들이 높은 산 위에
적응해서 살지만 산 아래쪽에 사는
동물들도 많아요.

퓨마는 다른 이름으로 무엇이라고 부를까요?

산의 기후

산의 날씨는 무척 다양해요. 비가 오는가 하면 다시 맑아지고 어떤 때는 눈도 내려요.

 산을 100미터 오를 때마다 온도는 1도씩 내려가요.

미국 워싱턴 산은 바람이 시속 372킬로미터로 불었던 적도 있어요.

 인도 북동 지방의 체라푼지는 1년 동안 12,000밀리미터의 비가 내려요.

 미국의 레이니어 산은 1년 동안 내리는 눈이 18센티미터나 돼요.

 산비탈 위쪽에 쌓인 눈이 무게를 이기지 못하고 무너져 내리면 눈사태가 일어나요.

 산의 모습은 종종 앞뒤가 달라요. 한쪽은 해가 쨍쨍 비추는데, 반대쪽은 비가 쏟아지기도 하지요.

동굴은 어떻게 만들어질까요?

동굴은 주로 물에 잘 녹는 돌인 석회암 지역에서 만들어져요. 수천 년 동안 빗물이 조금씩 바위틈으로 스며들면 바위틈은 점점 더 넓어져서 마침내 동굴이 되지요.

산과 동굴

나는 누구일까요?

산과 동굴에 관한 페이지를 살펴보고 아래 생물들이 누구인지 알아맞혀 보세요.

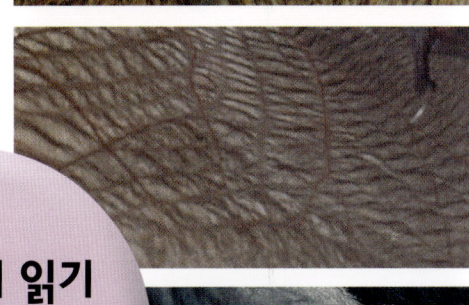

연결 지어 읽기
동굴에 사는 생물 … 78-79쪽

답: 눈표범, 방울뱀, 콘도르, 야크, 코끼리, 눈표범의 꼬리.

산과 동굴

높은 산 속

산은 높이에 따라 날씨도 달라지고 자라는 식물도 달라요.
높이 올라갈수록 산소가 부족해서 숨 쉬기도 힘들어져요.

연결 지어 읽기
극지방에 사는
동물들 … 10-11쪽
활엽수림 … 18-19쪽

산
산은 높이에 따라 독특한 동물과 식물들이 살고 있어요.

멸종 위기의 동물
야생에서 살고 있는 마운틴고릴라는 380마리도 채 남아 있지 않아요. 고릴라는 무섭게 생겼지만 알고 보면 식물만 먹고 사는 평화로운 동물이에요.

마운틴고릴라

고산 지대
고산 지대는 바람이 세게 불고 기온이 낮아요. 산꼭대기는 언제나 눈으로 덮여 있어서 식물이 자라지 않아요.

고산 초원
산꼭대기 바로 아래에는 봄이 되면 눈이 녹으면서 꽃이 가득 피어요. 하지만 키 큰 나무들은 자랄 수 없어요.

침엽수
고산 초원 아래에는 침엽수들이 자라요. 추위를 잘 견디는 침엽수는 위로 갈수록 뾰족한 원뿔 모양이에요.

활엽수
침엽수 아래 좀 더 따뜻한 곳에 활엽수가 자라요.

봄에 다시 만나요.
고산 초원은 겨울이면 온통 눈으로 뒤덮여요. 마멋 같은 동물들은 굴속에서 겨울잠을 자면서 겨울을 보내지요.

알프스마멋

고산 지대는 무슨 뜻인가요?

높은 산 속

높은 산 위에 펼쳐진 정원
고산 초원은 봄이 되면 겨울 동안 쌓였던 눈이 녹아요. 봄의 고산 초원을 아름답게 수놓는 꽃들을 살펴볼까요?

 산민들레는 수천 송이씩 피어서 고산 초원을 뒤덮어요.

 바위조팝나무의 크림 같은 하얀 꽃은 바위가 많은 곳에 무리 지어 피어요.

 키가 작고 두꺼운 백리향이 가득 핀 모습은 아주 아름다워요.

 추위를 잘 견디는 범의귀는 색색의 꽃을 피워요.

 에델바이스는 멸종 위기에 처한 식물이에요. 그러니 에델바이스를 보더라도 절대로 꺾어서는 안 돼요.

 알프스초롱꽃은 이른 봄이 되면 작은 종 모양의 꽃을 피워요.

겔라다개코원숭이

나무가 없어도 괜찮아요!
겔라다개코원숭이들은 나무보다 절벽을 더 좋아해요. 벼랑 끝 삐쭉 튀어나온 바위에 앉아서 잠자기도 한답니다.

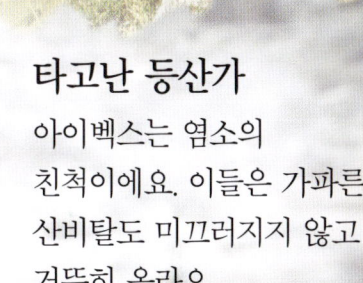
아이벡스

타고난 등산가
아이벡스는 염소의 친척이에요. 이들은 가파른 산비탈도 미끄러지지 않고 거뜬히 올라요.

높은산붉은부리까마귀

부족한 산소에 적응하기
높은 산은 산소가 부족해서 목숨이 위험할 수도 있어요. 하지만 붉은부리까마귀는 숨쉬는 데 아무 문제가 없어요. 어떤 붉은부리까마귀는 사람들을 따라 높디 높은 에베레스트 산을 올라가기도 했지요.

산과 동굴

시원한 동굴

커다란 동굴은 만들어지는 데 수천 년이 걸려요. 동굴은 언뜻 어두컴컴하고 돌투성이처럼 보이지만 곤충에서부터 박쥐에 이르기까지 수많은 동물들이 사는 보금자리예요.

물방울이 만든 기둥
동굴은 항상 축축해요. 동굴의 천장에서 물방울이 떨어지면 물속에 녹아 있던 무기질이 쌓이게 돼요. 마치 고드름처럼 기다랗게 생기는 이 돌을 '종유석'이라고 하지요.

종유석

종유석은 천장에서부터 아래로 점점 더 길게 자라요.

긴귀박쥐

어디 숨었는지 다 알지!
눈이 나쁜 박쥐들은 소리를 아주 잘 들어요. 박쥐는 찍찍 소리를 내거나 딸깍 소리를 낸 다음 이 소리가 물체에 부딪혀 되돌아오는 것으로 먹이의 위치를 알아내요.

동굴거미

길을 느껴요.
박쥐와 마찬가지로 동굴거미들은 앞을 잘 볼 수 없어요. 대신 촉각이 아주 발달해서 길을 알고 먹이를 잡아요.

박쥐의 날개는 피부가 거미줄처럼 얽혀 있어요.

가장 긴 동굴은 어디일까요?

시원한 동굴

새하얀 동물
동굴가재를 비롯한 동굴에 사는 수많은 동물들은 몸 색깔이 하얘요. 컴컴한 동굴에서는 햇빛으로부터 몸을 보호할 필요가 없기 때문이지요.

동굴 안은 춥고 축축해요. 그래서 겨울잠을 자는 박쥐 몸에는 물방울이 맺히지요.

먹이를 찾아 날름날름
동남아시아에 사는 붉은꼬리뱀은 슬금슬금 동굴 안을 기어 다니며 개구리와 박쥐, 도마뱀 등을 잡아먹어요. 뱀의 배는 살짝 편평하기 때문에 바위 사이로 잘 미끄러져요.

붉은꼬리뱀

쉿, 조용히!
시원한 동굴은 박쥐가 겨울잠을 자기에 안성맞춤이에요.

흰배윗수염박쥐

살아남기 천재
32억 년 전부터 지구에서 살아온 바퀴는 세계 어디에서나 볼 수 있어요. 동굴은 바퀴가 번성하기 좋은 서식지 중 하나이지요.

바퀴

총 길이가 530길로미터나 되는 미국 매머드 동굴입니다.

산과 동굴

세계의 지붕 히말라야 산맥

히말라야 산맥은 세계에서 가장 높은 산맥이에요. 아시아를 가로질러 2,500킬로미터나 뻗어 있지요.

세상의 꼭대기
세계에서 가장 높은 산인 에베레스트 산은 히말라야 산맥 한가운데에 우뚝 솟아 있어요.

눈표범

높은 산에 사는 표범
눈표범은 고양잇과 동물 중에서 가장 희귀하고 잘 알려지지 않은 동물이에요. 눈표범은 사람들이 사는 곳과 멀리 떨어진 높은 산 위에서 살아요.

나도 산이 좋아요.
히말라야 산맥에는 아시아흑곰도 살아요. 아시아흑곰은 가슴에 초승달 모양으로 하얀 털이 나서 '반달가슴곰'이라고도 불리지요.

아시아흑곰

에베레스트 산은 얼마나 높나요?

세계의 지붕 히말라야 산맥

붉은 털이 난 판다
너구리판다는 자이언트판다보다 너구리에 더 가까운 동물이에요. 너구리판다는 대나무 숲에 살면서 대나무의 잎과 뿌리, 어린 새싹 등을 먹어요.

검독수리

독이 있는 꽃
히말라야 산맥에서 자라는 만병초는 아름답지만 독이 있어요. 이 지역에 사는 벌들이 만든 꿀에도 만병초 꽃의 독이 들었기 때문에 사람들이 먹을 수 없어요.

무시무시한 발톱
검독수리는 폭이 2.3미터가 넘는 날개로 훨훨 날다가 날카로운 발톱으로 새앙토끼를 낚아채요.

야생 만병초

찍찍거리며 우는 토끼
작고 북슬북슬한 새앙토끼는 토끼의 먼 친척이에요. 새앙토끼는 고산 초원의 추운 날씨도 잘 견뎌 내지요.

히말라얀 새앙토끼

높이가 무려 8,850미터나 된답니다.

산과 동굴

안데스 산맥

남아메리카 대륙에 있는 안데스 산맥은 세계에서 가장 긴 산맥이에요. 수많은 산들이 7,250킬로미터나 이어져 있지요.

안개에 싸인 숲
안데스 산맥은 한쪽은 매우 건조하고, 반대쪽은 아주 축축한 정글이에요. 숲이 우거진 정글은 항상 자욱한 안개로 덮여 있어요.

라마가 사는 땅
두껍고 덥수룩한 털이 난 라마는 혹독한 추위도 잘 견딜 수 있어요. 안데스 지방에 사는 사람들은 몇 백 년 동안이나 라마에게서 털과 젖, 고기 등을 얻었어요.

라마

82

높은 산으로 올라갈수록 온도는 따뜻해질까요, 차가워질까요?

안데스 산맥

멋진 비행
안데스콘도르는 하늘을 나는 사냥꾼 가운데 가장 커요. 안데스콘도르는 높은 곳에서 훌쩍 뛰어내려요. 그런 다음 커다란 날개를 쫙 펴고 미끄러지듯이 하늘을 날지요.

안데스콘도르

안경 쓴 곰
안경곰은 눈 주위에 옅은 색의 털이 나서 꼭 안경 쓴 것처럼 보여요. 안경곰은 주로 식물의 어린싹과 과일을 먹고 살지요.

안데스산벌새

바쁜 날갯짓
안데스 산맥에 사는 벌새들은 제자리에서 끊임없이 날갯짓을 하면서 몸을 따뜻하게 해요.

벌새의 심장은 1분에 1,300번 정도 뛰어요.

안경곰

민물 서식지

민물 서식지

잠자리

민물은 빗물처럼 짜지 않은 물을 말해요.
빗물이 강과 호수를 이루면 다양한 생물들이 모여들지요.

전체 어류의 40퍼센트가 민물에서 살아요.

모두 함께 살아요.
포유류와 파충류에서부터
연체동물과 갑각류에 이르기까지
대부분의 동물들이 민물에서
살고 있어요.

동물들의 집
민물은 육지에 사는 모든
생물들에게 꼭 필요해요.
헤엄을 잘 치는 물뒤쥐는
물 근처에 집을 짓고 살지요.

84 서식지

지구의 물은 대부분 민물인가요?

민물 서식지

민물에 사는 식물

민물에는 개구리밥이나 수련 같은 다양한 식물들이 살고 있어요.

개구리밥은 물 위를 둥둥 떠다니는 작은 식물이에요. 개구리밥의 꽃은 너무 작아서 잘 안 보여요.

수련은 연못 밑바닥에 뿌리를 내려요. 자라서 물 위로 커다란 잎을 띄우지요.

개개비 둥지

큰고랭이

개개비는 물가에서 자라는 골풀 사이에 둥지를 지어요.

나는 누구일까요?

민물에 관한 페이지를 살펴보고 아래 생물들이 누구인지 알아맞혀 보세요.

연결 지어 읽기
물웅덩이에서의 생활… 60-61쪽

옥의: 3페이지 정답이 신물이에요, 나사지 모두 왼물이에요.

민물 서식지

강과 냇물

폭포로 쏟아지며 하얀 거품을 일으키는 급류에서 천천히 흘러가는 강물에 이르기까지, 흐르는 민물에는 여러 생물들이 살아요.

먹이사슬의 시작

박테리아들은 물속으로 떨어지는 낙엽이나 죽은 동물들을 먹고 자라요. 이 박테리아들은 날도래 애벌레와 같이 물속에 사는 곤충들에게 잡아먹히지요.

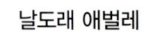
날도래

이끼는 강가의 바위나 나무에서 잘 자라요. 축축한 것을 좋아하는 작은 곤충들이 이곳으로 모여들지요.

날도래 애벌레

작은 시작

강은 높은 산에서 졸졸 흐르는 개울물에서부터 시작돼요. 빠르게 흐르는 물은 산소가 풍부하기 때문에 물고기들이 숨 쉬기 좋아요.

동물 건축가

비버는 나뭇가지나 돌 등으로 댐을 만들어서 흐르는 물을 막아요. 고인 물 가운데에 집을 짓는데, 들어가는 입구는 물속에 있어요.

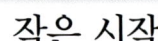
비버

나무가 개울에 걸쳐 쓰러지면 동물들은 더 쉽게 개울 반대편으로 건너갈 수 있어요.

세계에서 가장 긴 강은 어느 강인가요?

강과 냇물

콜로라도 강

경치를 바꾸는 강
강은 수백만 년 동안 흐르면서 바위를 깎고 경치를 바꾸어요. 콜로라도 강이 그랜드 캐니언의 경치를 바꾸어 놓은 것처럼 말이에요.

불곰은 강을 거슬러 오르는 연어를 잡아먹어요.

불곰

물총새는 날카로운 부리로 물고기를 낚아채요.

잡았다!
새들은 강물이 천천히 흐르는 쪽으로 가서 작은 물고기들을 사냥해요. 몸 색깔이 화려한 물총새는 유럽에 있는 강에 주로 살지요.

목숨을 건 여행
바다에 살던 왕연어는 강으로 돌아와 알을 낳아요. 곰이나 물새에게 잡아먹힐 위험을 무릅쓰고 물살을 거슬러 오르지요.

물총새는 25센티미터까지 잠수해서 물고기를 잡아요.

나일 강은 아프리카에 있는 가장 긴 강이에요. 총 길이가 6,695킬로미터나 되지요.

민물 서식지

민물 호수

부레옥잠

물이 아주 많이 고여 있는 곳을 '호수'라고 해요. 민물 호수는 다양한 생물들이 살아갈 환경을 제공해 주지요.

둥둥 떠다녀요.
물에 뜨는 식물들은 고인 물에서 잘 자라요. 부레옥잠 역시 빠르게 자라기 때문에 물속에 사는 생물들에게 필요한 햇빛과 산소를 막아 버릴 수도 있어요.

물상추는 햇빛을 가려서 물속에 그늘을 만들어 줘요.

물상추

물속의 고양이
메기는 마치 고양이처럼 입 근처에 기다란 수염이 나 있어요. 메기는 이 수염 덕분에 어두침침한 물속에서도 길을 잘 찾아요.

메기

메기 중에는 몸길이가 3미터가 넘는 것도 있어요.

물고기의 수염은 먹이를 찾는 데 도움이 돼요. 커다란 메기들은 수염으로 물속을 휘젓기도 하지요.

약거머리   말거머리

찰싹 달라붙어요!
논두렁이나 호숫가의 진흙 바닥에는 거머리가 살아요. 거머리 중에는 다른 동물에 달라붙어서 피를 빨아 먹는 것도 있지요.

세계에서 가장 큰 민물 호수는 어디일까요?

민물 호수

어떻게 만들어질까요?
호수는 움푹 팬 곳에 물이 고여서 생겨요. 사람들이 댐을 지어서 물길을 막고 인공 호수를 만들기도 하지요.

물수리는 날개폭이 1.7미터나 돼요.

큰고랭이가 꽃을 피우면 여러 곤충들이 모여들어요.

물속으로 다이빙!
전 세계에 살고 있는 물수리는 호수나 강 근처에 둥지를 틀어요. 하늘을 날다가 물고기를 발견하면 재빨리 물속으로 뛰어들지요.

강꼬치고기

물가의 생물들
고랭이와 갈대는 호숫가에 빼곡히 자라서 두꺼운 층을 이루어요. 수생 식물인 이들은 호수 바닥에 뿌리를 내려서 물 위까지 자라지요.

기습 공격
강꼬치고기는 가만히 헤엄치다가 곤충이나 개구리, 물고기가 지나가면 눈 깜짝할 사이에 잡아먹어요.

호숫가에는 잠자리들이 많이 살아요.

조심하는 게 좋을걸!
무시무시하게 생긴 악어거북은 무게가 100킬로그램이 넘어요. 민물에 사는 거북 중 가장 크지요.

솜씨 좋은 잠수부
물새인 큰아비는 6천 5백만 년부터 지구에 살았어요. 빨간 눈을 한 이 새는 27미터나 잠수해서 먹이를 찾아요.

민물 서식지

연못

연못은 움푹 팬 땅에 물이 고여서 만들어져요. 크기는 호수보다 작지만 여러 종류의 물고기와 곤충, 양서류 들을 볼 수 있어요.

물 위를 사뿐사뿐 걸어요.
소금쟁이는 물 위로 미끄러져 나아가면서 곤충을 사냥해요. 다리에 잔털이 많이 나 있어서 물 위에 뜰 수 있지요.

소금쟁이

개구리는 주변 환경에 맞춰 피부색을 바꿀 수 있어요.

알에서 개구리로
알에서 개구리가 되는 과정을 한번 살펴볼까요?

개구리는 젤리 모양의 알들을 한 번에 3,000개까지 낳아요.

2~3주가 지나면 알에서 올챙이가 태어나요. 올챙이는 몸 밖으로 드러난 아가미로 숨을 쉬어요.

올챙이는 점점 자라면서 뒷다리가 생겨요. 뒤이어 앞다리도 생기고 꼬리가 줄어들지요.

개구리의 모습을 갖춘 개구리 새끼는 점점 커져서 어른 개구리가 돼요.

날 잡아먹겠다고?
큰가시고기는 등에 난 가시 때문에 붙은 이름이에요. 이 가시 때문에 다른 물고기들이 감히 잡아먹을 생각을 못해요.

수컷 큰가시고기는 보금자리에 있을 때 밝은 색을 띠어요. 누구라도 보금자리를 엿보면 공격하겠다는 뜻이에요.

물방개 애벌레

꼬물꼬물 애벌레들
연못에는 수많은 애벌레들이 살고 있어요. 알에서 깨어난 애벌레는 어른벌레와 무척 다르게 생겼지요.

잠자리는 얼마나 빨리 날까요?

연못

잠자리의 한살이
잠자리는 물속에 알을 낳아요. 애벌레는 물속에서 수 년 동안 허물을 벗으면서 자라지요. 잠자리는 애벌레일 때나 어른벌레일 때나 무척 사나운 사냥꾼이에요.

잠자리

여기가 좋겠군.
수련은 햇빛이 잘 드는 자리를 골라 물 위에 둥그런 잎을 펼쳐요. 아마존수련은 잎의 지름이 1.5미터나 되지요.

부끄럼쟁이
항상 숨어 지내는 영원은 발끝으로 걷는 것처럼 살금살금 기어 다녀요. 다 큰 영원은 대부분 축축한 땅 위에서 지내지요.

물방개

물벌레

부지런히 노를 저어요.
몸통이 납작한 물벌레는 노처럼 생긴 뒷다리를 움직여서 앞으로 나아가요. 몸이 뒤집히거나 기우뚱해도 쉬지 않고 헤엄치지요.

장구벌레

모기 애벌레인 장구벌레는 수면 바로 아래에 거꾸로 매달려서 자라요. 가느다란 관을 통해 숨을 쉬지요.

얕보다간 큰 코 다칠걸!
물방개는 귀엽게 생겼지만 사실은 아주 무시무시한 사냥꾼이에요. 물속을 헤엄치며 올챙이나 어린 물고기를 잡아먹지요.

산소 가방
물거미는 물속에서 사는 유일한 거미예요. 물거미는 배에 부드러운 방울을 만들고 그 속에 공기를 가두어 숨을 쉬어요.

조그만 건축가
날도래 애벌레는 나뭇잎과 모래로 기다란 통을 만들어요.

이 통은 딱딱한 껍데기처럼 날도래의 몸을 보호해 줘요.

날도래 애벌레

91

잠자리는 시속 30킬로미터의 속도로 날 수 있어요.

민물 서식지

늪과 습지

늪과 습지는 물에 잠겨 있거나 축축한 땅을 말해요. 이곳에도 여러 생물이 살고 있지요.

벌레잡이 식물
벌레를 잡아먹는 식물들은 영양분이 적은 늪과 습지에 주로 살아요.

파리지옥은 곤충이 앉으면 잎을 닫아서 마치 우리처럼 가두어 버려요.

늪
서늘하고 습한 곳에 있는 늪은 물을 잔뜩 머금어서 항상 질퍽질퍽해요.

파리지옥

천연 스펀지
물이끼는 빗물을 머금고 있어서 늘 축축해요. 뿌리가 없기 때문에 몸 전체로 물과 영양분을 흡수하지요.

끈끈이주걱은 곤충이 닿는 순간 잎을 돌돌 말아서 곤충을 감싸 버려요.

곤충들의 감옥
늪에서 많이 자라는 달링토니아는 관처럼 생긴 잎 속에 곤충을 가두어요.

끈적거리는 식사
끈끈이주걱은 잎에서 끈적거리는 액체 방울을 뿜어서 곤충을 옴짝달싹 못하게 해요.

위 식물들 중 옛날에 상처를 소독하는 데 쓰였던 식물은 무엇일까요?

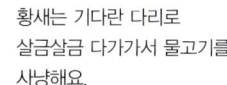
늪과 습지

습지
습지는 주로 강가에 넓게 펼쳐져 있어요. 대표적인 곳으로 아프리카의 오카방고 습지가 있지요.

황새는 기다란 다리로 살금살금 다가가서 물고기를 사냥해요.

노랑부리황새

야생 동물의 낙원
습지는 새와 파충류들이 살기에 좋은 곳이에요. 오카방고 습지에는 400여 가지 새와 150여 가지 파충류가 살고 있지요.

카이만은 중앙아메리카나 남아메리카의 습지에 사는 덩치가 작은 악어예요.

카이만은 튼튼한 턱으로 먹이를 문 다음 흔들어서 한 입 크기로 뜯어 먹어요.

카이만은 물 위에 둥둥 떠다니면서 먹이가 지나가기를 기다려요.

카이만

잡히기만 해 봐라!
카이만은 다른 악어들에 비해 덩치가 훨씬 작아요. 하지만 누구 못지 않게 사납고 날쌘 사냥꾼이에요.

연결 지어 읽기
습지에 사는 생물
··· 94-95쪽

카이만은 팔다리가 길기 때문에 다른 악어들보다 땅 위에서 더 빨리 움직여요.

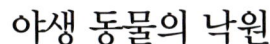

민물 서식지

플로리다 습지

미국 플로리다에는 아주 커다란 습지가 있어요. 그곳은 아주 습기가 많고 덥기 때문에 항상 안개가 자욱해요.

억수 같은 비
여름이면 습지에는 끊임없이 비가 내려요. 불어난 강물 때문에 습지가 잠기면 군데군데 드러난 땅은 마치 섬처럼 보여요.

왜가리는 기다란 목과 부리로 물속에 사는 물고기나 벌레를 잡아먹어요.

길쭉길쭉한 새들
물에 잠긴 습지에는 왜가리 같은 새들을 많이 볼 수 있어요. 물가에 사는 새들은 기다란 다리로 얕은 물을 사뿐사뿐 걸어 다니지요.

매너티
매너티는 물속에 사는 몸집이 큰 포유류예요. 강 바닥에 있는 식물을 뜯어 먹고 살기 때문에 '바다소'라고도 불리지요. 매너티는 절대 물 밖으로 나오지 않아요.

94 미국악어는 얼마나 오래전부터 있었을까요?

플로리다 습지

맹그로브

열대 지방의 습지에서 자라는 나무들을 통틀어 '맹그로브'라고 해요. 맹그로브는 신기하게도 소금이 섞인 짠물에서도 살 수 있어요. 그래서 습지와 바다가 만나는 하구에서 주로 볼 수 있지요.

풀밭일까요, 호수일까요?

습지 안쪽에 있는 땅에는 참억새류가 많이 자라요. 참억새가 아주 빽빽하게 자라는 곳은 물 위가 아니라 마치 풀밭 같아 보여요.

수많은 모기 떼

여름에 비가 많이 내리면 습지에는 43종이나 되는 모기들이 엄청나게 많은 알을 낳아요. 이 책만 한 넓이에 10,000개나 되는 알을 낳을 수 있지요.

모기는 대롱처럼 생긴 기다란 입으로 살갗을 뚫어서 피를 빨아 먹어요.

모기

연결 지어 읽기

바다에 사는 포유류
··· 112-113쪽

습지에 사는 거인

플로리다 습지를 주름 잡는 사냥꾼은 바로 미국악어예요. 북아메리카에서 가장 큰 파충류인 미국악어는 몸길이가 4.5미터나 돼요.

미국악어는 미국에서 가장 위험한 동물 중 하나예요.

플로리다 습지는 세계에서 유일하게 다른 종류의 악어가 함께 사는 곳이에요.

미국악어

미국악어는 약 2,500 종류의 냄새를 한 번에 기억할 수 있어요.

바다 서식지

바다 서식지

지구의 표면은 3분의 2 이상이 바다로 이루어져 있어요. 바다에 사는 수많은 생물들 가운데 대부분은 햇빛이 들어오는 수면 가까이에 모여 살아요.

세계의 바다
넓고 큰 바다를 '해양'이라고 불러요. 지구상의 바다는 육지에 의해 다섯 개의 해양으로 나뉘어요. 해양은 아주 넓고 깊어서 아직 탐험해 보지 못한 곳이 많이 있지요.

 태평양은 아메리카 대륙과 아시아 사이에 있는 가장 큰 해양이에요.

 남극해(남빙양)은 2000년부터 해양으로 인정받게 되었어요.

 대서양은 아메리카 대륙과 유럽, 아프리카 대륙 사이에 있어요.

 인도양은 세 번째로 큰 해양으로 지구의 15퍼센트를 덮고 있어요.

 가장 작은 해양인 북극해(북빙양)은 거의 일 년 내내 얼어 있어요.

바다 생물들의 주요 먹이
플랑크톤은 눈에 보이지 않을 만큼 작은 생물이에요. 이들은 바다 표면을 떠다니면서 물고기와 다른 생물들의 먹이가 되지요.

플랑크톤을 두 종류로 나누어 보세요.

바다 서식지

섬
바다 한가운데에 떠 있는 섬에는 많은 생물들이 모여들어요.

쉬르체이 섬은 화산 활동으로 만들어졌어요.

해양의 여러 층
해양은 깊이에 따라서 여러 층으로 나뉘어요. 생물들 중에는 한 층에서만 머무는 것도 있고 층 사이를 왔다 갔다 하는 것도 있어요.

가까운 바다
육지와 바다가 만나는 곳이에요.

먼 바다
먼 바다에는 비교적 생물들이 적게 살아요.

약광층
이곳은 햇빛이 적게 들어와서 어두컴컴해요.

심해
이곳은 햇빛이 닿지 않아 무척 깜깜해요. 하지만 이곳에도 생물들이 살고 있답니다.

바다 밑바닥
곳곳에 깊숙한 해구가 있어요.

가까운 바다 — 가시거북복
먼 바다 — 쥐가오리 — 180미터
약광층 — 오징어 — 향고래
공기로 숨을 쉬는 향고래는 오징어를 찾아서 약광층까지 잠수해요. — 1,000미터
심해 — 풍선뱀장어
바다 밑바닥 — 먹장어

나는 누구일까요?
바다 서식지에 관한 페이지를 살펴보고 아래의 생물들이 누구인지 알아맞혀 보세요.

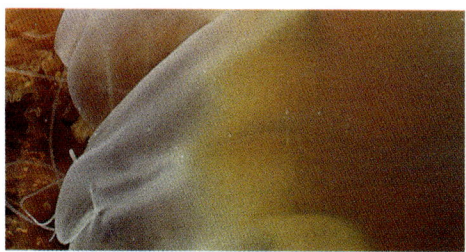
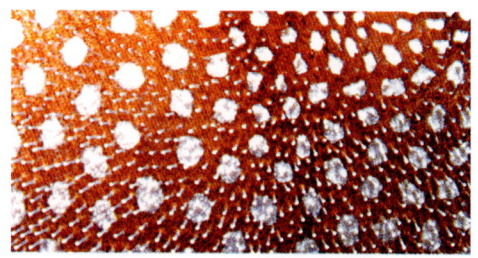
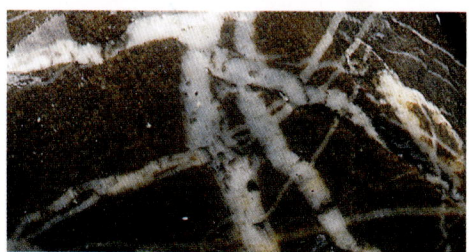

연결 지어 읽기
약광층 … 106-107쪽

사람은 물이 필요해요. 동물도 물이 필요하고 물고기도 물이 있어야 살 수 있어요.

바다 서식지

바닷가

바닷가는 육지와 바다가 만나는 곳이에요.
끊임없이 바람이 불고 파도가 치는
이곳에도 많은 생물들이 살고 있지요.

다양한 모습의 바닷가
바닷가의 모습은 저마다 달라요.
고운 모래가 펼쳐진 곳도 있고
질퍽질퍽한 갯벌도 있지요.

모래 해안
모래 해안에는 아무도
살지 않는 것처럼 보여요.
하지만 모래 속에는 작은
생물들로 가득하지요.

암석 해안
암석 해안은 내리깎은
듯이 솟아 있는 바위나
넓적한 바위들로
이루어져 있어요.

갯벌
미끈미끈하고 고운
흙으로 덮인 갯벌은
주로 강과 바다가 만나는
하구에 생겨요.

바닷가 식물들의 생활
바닷가에서 자라는 식물들은 거센
바람과 소금기를 견뎌내야 해요.
이 식물들은 바닷물이 가장 깊숙이
들어오는 곳 바로 뒤쪽에서 낮게
자라요.

갯질경이는 바닷가
가장 가까운 곳에
깊숙이 뿌리를
내려요.

달이 지구를
끌어당기는 힘 때문에
하루에 두 번
밀물과 썰물이 생겨요.

모래 해안은 어떻게 생겨난 걸까요?

바닷가

삿갓조개

버텨 내기 선수들
바닷가에는 세찬 파도가 쳐요. 바닷가에 사는 식물과 동물 들은 파도에 씻겨 내려가지 않으려고 안간힘을 쓰지요.

어린 참다시마

다시마가 달라붙을 때 쓰는 부착기는 뿌리가 아니에요. 이곳으로는 물이나 양분이 들어오지 않아요.

꽉 붙잡아요.
삿갓조개는 발로 바위에 찰싹 달라붙어 있어요. 바위에 붙은 삿갓조개는 맨손으로는 잘 떼지지 않아요.

내가 떨어질 줄 알고!
커다란 갈조류는 손가락처럼 생긴 줄기 끝 부분으로 바위 표면을 꽉 붙잡아요. 어찌나 세게 붙어 있는지 떼려고 하면 바위 조각이 뜯겨 나올 정도예요.

게는 몸 색깔이 주변 환경과 비슷해요. 위험을 느끼면 눈 깜짝할 사이에 몸을 숨길 수 있지요.

미역

바닷가에 있는 자갈들은 100만 년이 넘도록 바닷물에 부딪혀 부서져요.

게

삿갓조개는 껍질 속에 물을 머금은 다음 껍질을 꼭 닫고 썰물 때 살아남아요.

바닷가를 깨끗이!
게는 바닷가를 지키는 청소부예요. 이들은 살아 있든, 죽어 있든 가리지 않고 잡히는 대로 먹어 치우지요.

바다 서식지

바위 웅덩이

바위에 생긴 웅덩이에는 특이한 생물들이 많이 살아요. 마치 작은 바다 같은 이곳에는 웅덩이에서만 사는 생물도 있고, 밀물 때 들어왔다가 갇혀 버린 생물도 있어요.

어떻게 만들어질까요?
썰물 때 바위의 갈라진 틈이나 움푹 들어간 곳에 바닷물이 고이면 웅덩이가 만들어져요. 바위 웅덩이는 암석 해안에서 많이 볼 수 있어요.

바닷가의 청소부
갈매기는 지렁이, 곤충, 물고기 등 가리지 않고 잘 먹어요. 갈매기는 주로 바닷가에서 살지만 육지 깊숙한 곳에서도 볼 수 있어요.

검은머리갈매기는 이름과 달리 일 년의 대부분 머리가 하얘요.

불가사리는 보지 못하는 대신 촉수로 모든 것을 느낄 수 있어요. 촉수 끝은 빛에 무척 민감해요.

겨울옷을 입은 검은머리갈매기

갈매기는 기다란 다리로 얕은 물가를 걸으며 먹이를 찾기도 해요.

갈매기가 물 위에 앉을 때는 마치 오리처럼 물갈퀴가 달린 발로 노를 저어요.

힘든 생활
바위 웅덩이에서 사는 건 무척 힘들어요. 날씨에 따라 물의 온도와 소금기가 계속 바뀌고 심지어는 웅덩이가 바싹 말라 버리기도 하거든요.

말미잘이 사람도 촉수로 찌르나요?

바위 웅덩이

바위 웅덩이에 사는 생물들

바위 웅덩이에는 여러 종류의 바닷말과 동물들이 살아요. 가장 쉽게 볼 수 있는 생물들을 살펴볼까요?

땅에서 자라는 식물과 마찬가지로 바닷말은 햇빛을 이용해서 양분을 만들어요.

홍합은 물속에서 먹이를 걸러내요. 위험을 느끼면 얼른 껍데기를 꽉 닫아 버리지요.

게는 바위 웅덩이 구석구석을 돌아다니며 먹을 만한 것이 있나 살펴봐요.

망둑어는 눈 깜짝할 사이에 모래로 몸을 덮어서 숨을 수 있어요.

새우는 주변 환경에 따라 몸 색깔을 바꾸어서 숨어요.

소라나 조개는 죽고 나면 빈 껍데기가 남아요.

불가사리는 다른 동물을 먹고 사는 사냥꾼이에요. 불가사리는 대부분 팔이 다섯 개씩 나 있어요.

말미잘은 작은 동물을 촉수로 찔러서 잡아먹어요.

홍합 사냥

불가사리는 꽉 닫힌 홍합도 거뜬히 잡아먹어요. 홍합 주위로 팔을 오그려서는 천천히 껍데기를 열어서 부드러운 조갯살을 먹어 치우지요.

총알고둥

웅덩이에 사는 축축한 바닷말은 조그만 동물들이 숨기 안성맞춤이에요.

삿갓조개는 무언가에 닿으면 바위에 더 찰싹 달라붙어요.

삿갓조개

털게

말미잘은 동물이지만 스스로 움직이지는 못해요.

털게는 등껍데기가 부드러운 털로 덮여 있어요.

새우는 위험을 느끼면 꼬리를 힘차게 흔들고 다리를 확확 저어서 쏜살같이 달아나요.

바닷말은 축축한 곳에서 살아요. 그러니까 바닷말을 뒤집어 보면 작은 동물들이 숨어 있답니다.

101

바다 서식지

산호초

산호초는 지구 표면의 1퍼센트도 채 되지 않아요. 하지만 전체 물고기 종류의 15퍼센트가 넘는 종류가 산호초에 살고 있어요.

어디에 있을까요?
추운 곳에도 산호초가 있지만 대부분은 따뜻하고 얕은 바다에서 볼 수 있어요.

어떻게 만들어질까요?
산호초는 산호충이라고 하는 수백만 개의 작은 동물이 죽고 남긴 뼈대가 쌓여서 만들어진 거예요. 산호초의 윗부분에는 살아 있는 산호충이 촉수를 하늘거리고 있지요. 시간이 지날수록 죽은 산호충이 쌓이면서 산호초는 점점 더 커져요.

산호초에 사는 동물들은 몸 색깔이 무척 밝고 화려해요. 그중에는 무서운 독을 가진 동물도 있답니다.

산호초가 오래될수록 더욱 다양한 동물들이 살아요.

작은 물고기들은 몸이 납작해서 산호초의 좁은 틈새로 몸을 숨길 수 있어요.

에인젤피시

곰치는 낮 동안 산호에 난 구멍 속에서 안전하게 숨어 있어요.

산호는 동물일까요, 식물일까요?

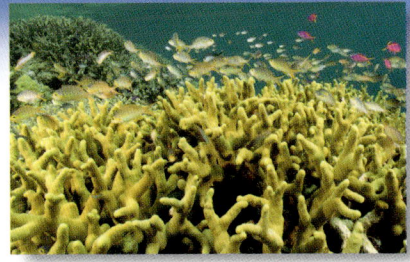

딱딱한 산호

딱딱한 돌산호는 산호초의 아랫부분을 다지면서 점점 큰 산호초를 만들어요. 이 산호들은 밤이 되면 바닷물을 촉수로 걸러서 플랑크톤을 잡아먹어요.

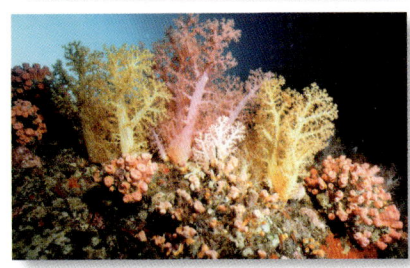

부드러운 산호

부드러운 산호는 식물 줄기처럼 기다란 몸이 바닷물에 구부러졌다 흔들렸다 해요. 이 산호들은 산호초의 튀어나온 부분이나 모서리에서 주로 자라요.

산호초 병원

산호초에 사는 청소놀래기나 새우는 물고기 몸에 있는 기생충을 깨끗이 없애 줘요. 이 고마운 청소부들을 잡아먹는 일은 결코 없어요.

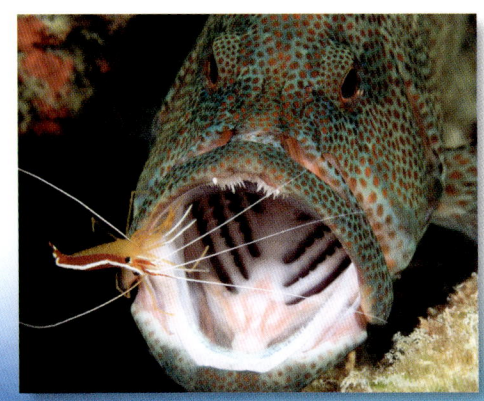

희한하게 생긴 동물들

산호초에 사는 생물들 가운데는 무척 신기하게 생긴 녀석들이 많아요. 모양도 다양하고 색깔도 산호초만큼이나 알록달록하지요.

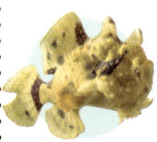

아귀는 입을 쩍 벌려서 물고기를 덥석 삼켜요.

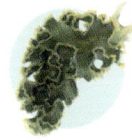

화려하기로 유명한 갯민숭달팽이는 독을 내뿜어서 적으로부터 달아나요.

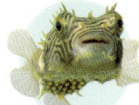

가시거북복은 단단한 가시가 나 있어서 다른 동물들에게 잘 잡아먹히지 않아요.

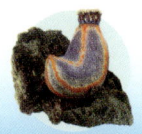

해삼은 산호초에 낀 진흙을 씹어 먹어서 산호초를 깨끗이 청소해요.

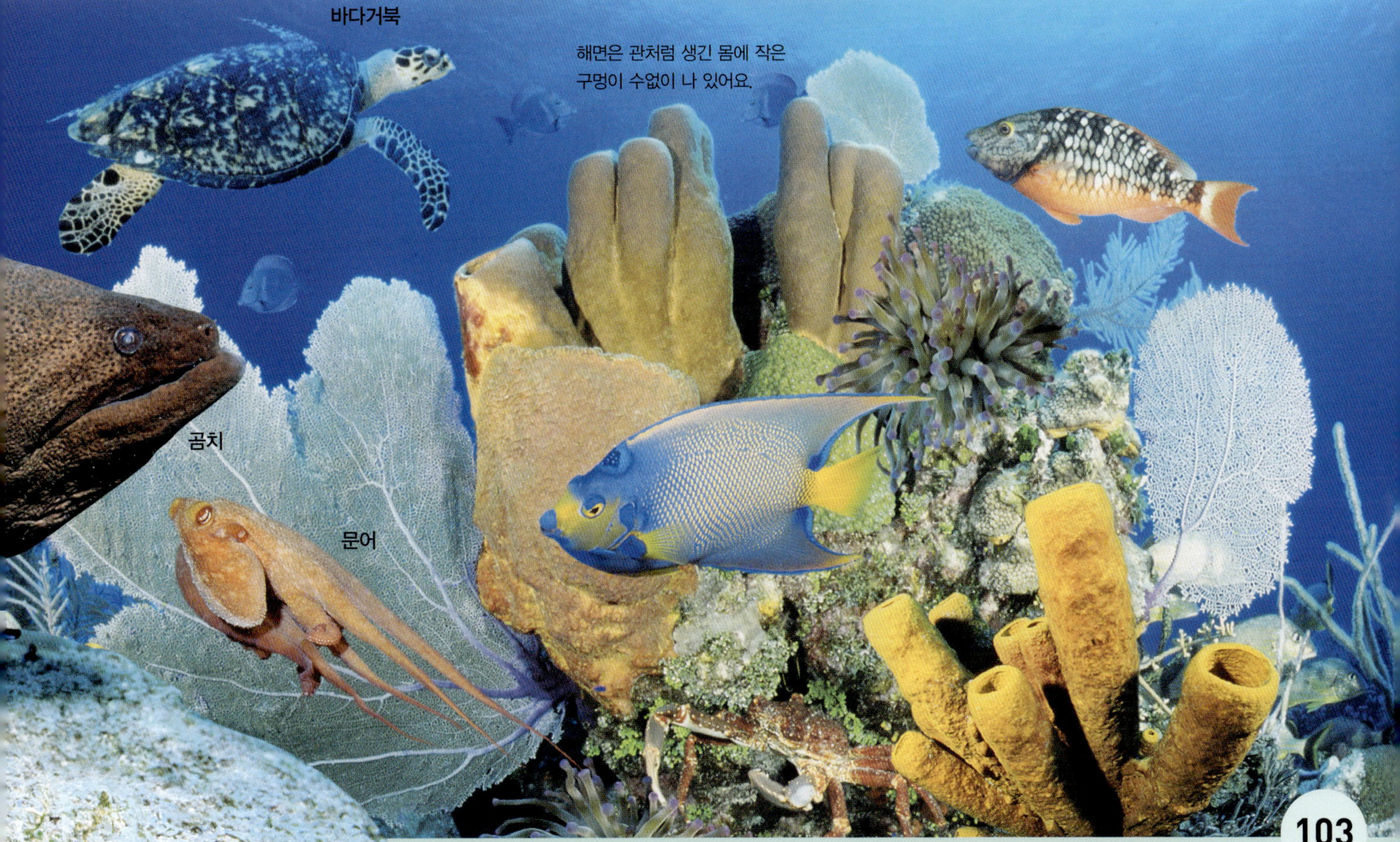
바다거북
해면은 관처럼 생긴 몸에 작은 구멍이 수없이 나 있어요.
곰치
문어

산호는 작은 동물들로 이루어져 있어요.

바다 서식지

복어는 물을 잔뜩 빨아들여서 몸을 부풀릴 수 있어요.

복어

깜짝 변신

복어는 위험을 느끼면, 적에게 먹히지 않도록 몸을 잔뜩 부풀려요. 하지만 이미 많은 사냥꾼들은 복어에게 무시무시한 독이 있다는 걸 알기 때문에 복어를 잡아먹지 않아요.

해파리는 적이 나타나면 촉수에 난 독침을 쏘아요. 하지만 이 독침도 바다거북에게는 소용없어요.

해파리가 가장 맛있어요.

해파리는 장수거북이 좋아하는 먹잇감이에요. 장수거북은 해파리를 먹기 위해 수천 킬로미터를 움직이기도 해요.

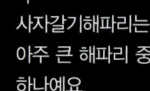

사자갈기해파리는 아주 큰 해파리 중 하나예요.

연결 지어 읽기

혹독한 환경에서 육상 동물들이 살아남는 방법 ⋯ 26-27쪽

아주 많은 알

바다에 사는 생물들은 수백 또는 수천 개의 알을 낳아요. 하지만 대부분은 어른이 되기 전에 다른 동물들에게 잡아먹히고 말지요.

털게

위 사진 중에서 가장 오래전부터 있었던 동물은 누구일까요?

바다에서 살아남기

해양은 언제나 잡아먹힐 수 있는 위험이 도사리고 있어요. 그래서 해양 생물들은 살아남기 위해 저마다 좋은 수를 생각해 냈어요.

건드리지 말 것!
쏠배감펭의 등에 난 가시로 물고기를 마비시켜서 죽일 수 있어요. 쏠배감펭의 독은 사람에게도 위험하기 때문에 조심해야 해요.

감쪽같이 숨어요.
바다 생물 중에는 위장을 잘하는 것이 아주 많아요. 대표적인 동물들을 만나 볼까요?

퉁쏠치는 살갗이 우툴두툴하고 얼룩덜룩해요. 모습이 바다 밑바닥과 비슷해서 찾기가 무척 힘들지요.

실고기는 길게 자란 거머리말 사이에서 꼿꼿이 머리를 세우고 헤엄쳐요. 그러면 어느 것이 실고기이고 거머리말인지 구별하기 어려워요.

표범상어는 살갗에 얼룩덜룩한 무늬가 있어서 잘 숨을 수 있어요.

모두 모여라!
작은 물고기들은 대부분 큰 무리를 지어서 몰려다녀요. 작은 물고기 떼가 약속이라도 한 듯이 함께 움직이면 마치 아주 커다란 물고기처럼 보이거든요.

바다 환경미화원, 해파리치는 약 6억 5천만 년 전부터 살았던, 지구에 바다와도 같은 생물이에요.

바다 서식지

약광층

햇빛은 바다 깊이 들어가면 아주 약해져요. 햇빛이 잘 들지 않아 어스름한 이곳을 약광층이라고 해요. 약광층은 수면에서 180미터 아래부터 시작돼요.

거대한 손님
약광층은 햇빛이 비치는 곳보다 훨씬 추워요. 이곳에 적응한 동물 중 가장 큰 동물은 바로 향고래예요. 향고래는 힘껏 숨을 들이마신 다음 먹잇감인 오징어를 찾아서 약광층까지 잠수해요.

공기로 숨 쉬는 향고래는 1,000미터나 깊은 곳까지 잠수하기도 해요.

암컷 아귀는 크기가 자동차만 해요.

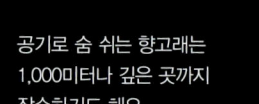
붉은심해새우

무시무시하게 생긴 큰니고기는 심해새우를 잡아먹고 살아요.

눈섬광오징어

약광층에 사는 오징어는 대부분 스스로 빛을 낼 수 있어요.

오징어 세상
오징어는 약광층에 사는 물고기들이 주로 먹는 먹이예요. 하지만 오징어 역시 촉수로 먹이를 낚아채는 솜씨 좋은 사냥꾼이지요.

큰니고니

약광층의 깊이는 얼마나 되나요?

약광층

참을성 있는 낚시꾼
깊은 바다에 사는 아귀는 약광층의 밑바닥을 어슬렁거려요. 암컷 아귀는 눈 사이에 낚싯대를 달고 있지요.

살아 있는 불빛들
어둠 속에 사는 물고기들은 스스로 빛을 만들어요. 이런 물고기를 '발광어'라고 하지요. 발광어들은 종류에 따라 저마다 다른 빛을 내기 때문에 서로를 알아볼 수 있어요.

새끼 아귀

아귀는 낚싯대에 반짝이는 미끼를 걸어 두고 먹잇감이 다가오기를 기다려요.

하지만 수컷 아귀는 5센티미터밖에 되지 않아요.

약광층에 사는 물고기들은 대부분 스스로 빛을 내요.

붉은심해새우는 적이 다가오면 새빨간 물을 뿜어요.

붉은심해새우

빨간색이 좋아요.
약광층에 사는 많은 생물들은 몸이 빨간색이에요. 어둠 속에서 빨간색은 검게 보이기 때문에, 먹이를 잡을 때나 적을 피할 때 숨기 좋아요.

아주 큰 눈
도끼고기는 큰 눈으로 먹잇감을 찾아요. 먹잇감이 가까이 지나갈 때를 기다렸다가 잽싸게 잡아먹지요.

도끼고기

도끼고기는 도끼처럼 생겼다고 붙은 이름이에요.

약광층은 약 1,000미터 아래까지 이어집니다.

107

바다 서식지

심해

빛이 한 줄기도 들어오지 않는 바다 밑바닥을 '심해'라고 해요. 이곳에 사는 생물들은 추위와 어둠 그리고 엄청난 압력을 견뎌야 해요. 먹이도 부족하기 때문에 심해 생물들은 이것 저것 가리지 않고 잡아먹어요.

풍선뱀장어는 배가 쭉쭉 늘어나기 때문에 자기보다 더 큰 먹이도 삼킬 수 있어요.

엄청난 입
풍선뱀장어는 깊은 바다 속 환경에 아주 잘 적응했어요. 먹잇감을 발견하면 그 기회를 놓치지 않고 입을 크게 벌려서 사냥하지요.

풍선뱀장어

기분 나쁜 동물
먹장어를 만지면 미끌미끌해요. 먹장어는 몸에 난 구멍으로 끈적끈적한 점액을 내뿜기 때문이지요.

심해의 굴뚝
열수공은 지구 깊숙한 곳으로부터 뜨거운 열이 새어 나오는 곳을 말해요. 서관충 같은 동물들은 열수공에서 나오는 유황을 먹고 살아요.

서관충은 입이나 소화 기관이 없기 때문에 다른 동물들과 방법으로 먹을 수 없어요.

열수공에 사는 생물들은 햇빛이 필요할까요?

심해

풍선뱀장어의 배는 쭉쭉 늘어나요.

풍선뱀장어는 3킬로미터의 깊이에서도 살아남을 수 있어요.

먹장어

죽은 건 나한테 맡겨!
민태는 해저에 있는 동물의 찌꺼기를 먹고 살아요. 이 청소부는 아주 천천히 자라기 때문에 몸길이가 60센티미터정도 되는 데 60년이나 걸려요.

으스스한 식사
눈과 턱이 없는 먹장어는 배가 고프면 죽은 물고기 안으로 스르륵 들어가요. 그런 다음 안에서부터 바깥으로 먹어 치우지요.

풍선뱀장어의 꼬리 길이는 2미터나 돼요.

풍선뱀장어는 큰 물고기를 잡아먹을 때는 아래턱과 위턱을 분리해서 입을 더 크게 벌려요.

거대한 벌레
서관충 중에는 사람 키만큼 기다란 것도 있어요. 입이 없는 서관충은 물에서 바로 영양분을 흡수하지요.

이 이상하게 생긴 생물은 웅크린가재예요. 세상에서 가장 작은 가재이지요.

열수공 가까이 사는 생물들: 뜨겁고 유황이 가득해요. 하지만 웅크린가재는 잘 살아요.

바다 서식지

바다 위 얼음 나라

겨울 바다를 떠다니는 얼음 덩어리 밑에는 틈틈이 바다 식물인 조류가 살고 있어요. 이 조류들 때문에 얼음 아래는 신비로운 초록색을 띠고 있지요.

편안한 얼음 집
수컷 하프바다표범의 등에는 하프 모양의 얼룩무늬가 있어요.

바다표범은 지방층이 두껍기 때문에 차가운 얼음물 속에서도 체온을 유지할 수 있어요.

킹펭귄

펭귄은 하늘을 날 수 없는 대신 물속에서 나는 듯이 움직일 수 있어요.

난 얼지 않아!
북대서양에 사는 빙어는 몸속에 부동액 물질이 들어 있어서 차디찬 바닷물 속에서도 몸이 얼지 않아요.

펭귄의 발가락에는 물갈퀴가 달려 있어요.

빙어

110

조류는 무엇인가요?

바다 위 얼음 나라

크릴새우는 수염고래와 뱅어, 오징어 등이 주로 먹는 먹이예요.

크릴새우

오늘은 뭘 먹지?

작은 새우처럼 생긴 크릴새우는 플랑크톤을 먹고 살아요. 봄이 되면 크릴새우는 플랑크톤을 배불리 먹을 수 있지요.

힘센 바다코끼리

바다코끼리는 대합 같은 큰 조개들을 찾아 깊은 곳까지 잠수해요.

바다코끼리

바다코끼리는 엄니로 바닥을 찍으며 물 밖으로 나와요. 싸울 때에도 날카로운 엄니를 사용하지요.

이제야 배가 좀 부른걸!

바다코끼리는 한 번에 3,000~6,000개의 조개를 잡아먹어요. 배불리 먹고 난 바다코끼리는 얼음 위로 올라와 햇볕을 쬐요.

바다코끼리는 앞다리를 힘차게 저어서 헤엄쳐요.

펭귄은 발을 움직여 방향을 바꾸어요.

따로따로 살아요.

하프바다표범이나 바다코끼리는 펭귄을 만날 수 없어요. 하프바다표범이나 바다코끼리는 북극에 살고 펭귄은 남극에 살거든요.

연결 지어 읽기

극지방 … 8-9쪽

펭귄 … 14-15쪽

조류는 헤엄칠 때 물갈퀴를 이용하고 다리는 방향타 역할을 해요.

바다 서식지

바다에 사는 포유류

사람은 포유류예요. 포유류는 환경에 상관없이 항상 같은 체온을 유지해요. 아가미 대신 폐로 숨 쉬고 새끼에게 젖을 먹이지요. 바다 속에 사는 고래와 돌고래도 포유류랍니다.

돌고래들은 무리를 지어서 생활해요. 때로는 1,000마리가 무리를 이루기도 하지요.

점박이돌고래 떼

향고래의 이빨은 20센티미터까지 자라요

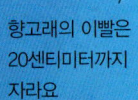

고래수염으로 새우 같은 작은 생물을 걸러 먹어요.

향고래

이빨 고래
고래 중에서 이빨이 난 고래들을 묶어서 '이빨 고래'로 불러요. 이빨 고래 중에서 가장 큰 고래는 향고래예요. 이들은 오징어를 찾아 깊은 바다 속까지 잠수하지요.

혹등고래

수염 고래
고래 중에서 이빨이 없는 대신 솔이 달린 것처럼 수염이 난 고래들을 '수염 고래'라고 불러요. 혹등고래를 비롯한 수염 고래는 턱 끝에 가지런히 자라는 고래수염으로 바닷물에서 먹이를 걸러 내요.

112

고래나 돌고래는 물고기들처럼 물속에서 숨을 쉴 수 없나요?

바다에 사는 포유류

식사 시간이다!

돌고래들은 하루에 물고기를 적어도 10킬로그램씩 잡아먹어요. 고기 떼를 수면으로 잔뜩 몬 다음에 실컷 배를 채우지요.

돌고래는 머리 뒤에 있는 멜론이라는 곳으로 딸깍거리는 소리를 내요.

다른 고래들처럼 돌고래도 머리에 난 구멍으로 숨을 쉬어요.

쇠돌고래

쇠돌고래는 우리가 흔히 알고 있는 돌고래들보다 크기가 작은 돌고래를 말해요.

 안경잡이쇠돌고래는 마치 흰 안경을 쓴 것처럼 생겼어요.

 쇠돌고래 중에서 가장 큰 까치돌고래는 2.4미터 정도까지 자라요.

 상괭이는 돌고래 중에서 유일하게 등지느러미가 없어요.

 쇠돌고래는 항구 근처의 얕은 물에서 볼 수 있어요.

 돌고래 중에서 몸집이 가장 작은 바키타쇠돌고래는 몸길이가 1.5미터 정도예요.

 버마이스터쇠돌고래는 몸 색깔이 어둡고 등지느러미가 작아요.

병코돌고래

돌고래들의 대화

돌고래들은 딸깍 하는 소리를 내서 서로 이야기를 나누고 먹이를 찾아요. 소리가 물속에 있는 물체에 부딪혀 되돌아오는 것을 보고 물체의 위치를 아는 거지요.

바다에 생긴 분수

수면 위로 올라온 고래들은 머리 위에 난 구멍으로 물이 섞인 숨을 뱉어요. 고래의 종류에 따라 뿜는 물기둥의 높이와 모양이 다르지요.

바다 서식지

무시무시한 바다 생물들

바다 생물 중에는 사람들을 죽일 만큼 위험한 것도 있어요. 혹시 바다에서 아래의 동물들을 만나면 어서 빨리 도망치세요!

바다뱀의 독은 육지에 사는 뱀들보다 훨씬 더 위험해요.

청자고둥은 아름답지만 사람들에게 치명적인 독을 가지고 있으니 절대 건드리지 마세요.

푸른고리문어는 몸집은 작지만 독을 뿜으면 짧은 시간 안에 사람을 죽일 수 있어요.

상자해파리에게 쏘이면 무척 아파요. 빨리 치료를 받지 않으면 목숨을 잃을 수도 있어요.

상자해파리는 갓 가장자리에 15개의 촉수가 달려 있어요.

위험한 바다

바다에는 온갖 위험이 도사리고 있어요. 작은 생물들이 톡 쏘아 대는가 하면 굶주린 상어도 돌아다니지요. 무엇보다 사람들의 잘못으로 바다는 더욱 위험한 곳이 되었어요.

뾰족한 침입자

악마불가사리는 산호를 무서운 속도로 먹어 치워요. 이 무시무시한 괴물들은 산호초의 뼈대까지 몽땅 뜯어 먹어서 산호초를 망쳐 버려요.

백상아리는 아주 날카로운 이빨들이 빼곡히 나 있어요. 이빨 하나가 빠지면 그 자리에 새로운 이빨이 다시 자라나지요.

무섭기로는 내가 최고!

백상아리는 무시무시한 사냥꾼이에요. 하지만 영화에서처럼 백상아리가 무턱대고 사람을 공격하지는 않아요.

한입에 쏙!

무태상어는 물고기 떼를 한쪽으로 잔뜩 몰아요. 이렇게 하면 물고기를 한 입에 더 많이 먹을 수 있어요.

무태상어

세상에서 가장 큰 물고기는 무엇일까요?

위험한 바다

물고기를 노리는 사냥꾼들은 물 밖에도 살고 있어요. 바닷새들은 하늘 위를 맴돌다가 물속으로 뛰어들어서 물고기나 게를 잡아먹지요.

시커먼 바다

석유를 실은 배가 부딪히면서, 부서지거나 가라앉으면 석유가 바다로 새어 나가요. 시커먼 기름은 바닷가로 밀려와서 많은 바다 생물들을 병들게 해요.

기름이 새의 깃털에 묻으면 새들은 체온을 유지할 수 없어요.

바다쇠오리

사람들이 무서워요.

바다 서식지를 가장 위협하는 것은 바로 사람이에요. 사람들은 바다를 오염시키는가 하면 다 자라지 않은 물고기도 닥치는 대로 잡아들여요.

이미 너무 많이 잡아서 멸종 위기에 처한 물고기도 있어요.

자연재해

태풍이나 지진으로 거대한 파도가 치면 바닷가는 쑥대밭이 돼요. 항구에 묶어 두었던 배는 부서지고, 때로는 건물까지 무너져 내리지요.

바다 서식지

홍수림

열대 지방의 늪에는 맹그로브가 많이 자라고 있어요. 맹그로브는 뿌리가 물 밖으로 나와서 나무가 쓰러지지 않도록 도와줘요.

맹그로브의 뿌리는 공기 중에서 산소를 얻어요.

소금은 이제 그만!

맹그로브는 짠 바닷물에서도 잘 자라요. 바닷물에 소금기가 너무 많으면 곧 떨어뜨릴 나뭇잎이나 나무껍질 쪽으로 소금을 많이 보내요. 어떤 나무는 미리 뿌리에서 소금을 거르지요.

내가 숨겨 줄게.

촘촘히 자라는 맹그로브의 나무뿌리는 어린 물고기나 조개 들이 안전하게 숨을 수 있는 피난처가 돼요.

물총고기는 물 밖에 사는 곤충들을 잡아먹어요. 식물에 붙어 있는 곤충에게 물을 쭉 뿜어서 물속에 빠뜨리지요.

말뚝망둑어는 앞 지느러미를 다리처럼 써서 갯벌을 돌아다녀요.

걸어 다니는 물고기

말뚝망둑어는 물고기이지만 물 밖에서도 오랫동안 살아남을 수 있어요. 커다란 아가미 방에 물을 가득 담아 둘 수 있거든요.

맹그로브는 민물에서도 자랄 수 있을까요?

홍수림

조심해!
오스트레일리아와 아시아에도 맹그로브가 있어요. 이곳에 사는 수컷 바다악어는 몸길이가 6~7미터나 된답니다.

헤어질 시간
맹그로브 중에는 어린 나무일 때 부모 나무에 붙어서 자라는 것도 있어요. 다 자라면 부모 나무로부터 떨어져 나와 물 위를 떠다녀요. 적당한 곳을 찾으면 늪 바닥에 뿌리를 내리지요.

맹그로브가 떨어뜨린 나뭇잎에는 나무가 버린 소금들로 가득해요.

냠냠, 맛있는 게
인도네시아 맹그로브에 사는 게잡이원숭이는 주로 게를 잡아먹고 살아서 붙은 이름이에요. 게잡이원숭이들은 능숙한 솜씨로 게살을 발라 먹지요.

물속으로 풍덩!
맹그로브에 잘 적응한 게잡이원숭이는 위험을 느끼면 얼른 물속으로 뛰어들어서 도망쳐요.

117

맹그로브는 바닷물에서도 자라는 나무들이 모여 있는 숲이에요. 바닷물에 적응한 맹그로브는 짠 물에도 끄떡없어요.

농촌과 도시

농촌과 도시

우리가 사는 농촌과 도시에도 여러 가지 생물이 살고 있어요. 자연은 어떻게든 농촌과 도시로 들어올 방법을 찾지요. 그대로 놔둔다면 아주 빠른 속도로 도시에 퍼질 거예요.

세계의 밤
오른쪽 사진은 밤일 때 인공위성에서 찍은 지구의 모습이에요. 환하게 보이는 부분이 사람이 많이 사는 도시들이에요. 도시는 전깃불을 밝혀서 밤에도 번쩍번쩍하지요.

갈매기

어디, 남은 것 좀 없나?
붉은여우 같은 야생 동물들은 도시에서 사는 법을 곧잘 익혀요. 쓰레기통 속에 먹다 버린 음식이 있다는 것도 금방 알아채지요.

붉은여우

겁 없는 새
사람들은 새를 보면 먹을 것을 던져 줘요. 그러다 보니 사람을 무서워하지 않는 새들도 생겼어요. 갈매기는 사람 손에 든 음식을 낚아채 가기도 해요.

오늘날 전 세계에는 몇 명의 사람들이 살고 있을까요?

농촌과 도시

좀 비켜 주실래요?

식물은 길을 덮고 있는 콘크리트와 벽돌 사이에도 자라요. 점점 더 자라면 덮고 있던 돌을 들어 올릴 수도 있어요.

버즘나무 새싹

갈매기들은 해안과 내륙에서 자주 볼 수 있어요.

도시 생활

도시 구석구석에는 여러 가지 새와 곤충, 동물 들이 함께 살고 있어요.

나는 누구일까요?

농촌과 도시에 관한 페이지들을 살펴보고 아래 생물들이 누구인지 알아맞혀 보세요.

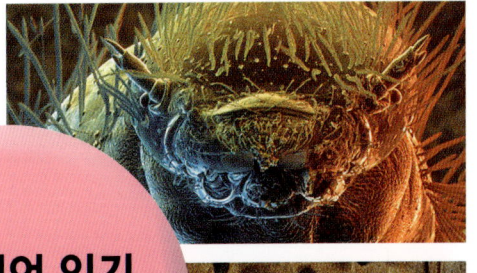

연결 지어 읽기

집 안에 사는 생물들
··· 122-123쪽

농촌과 도시

집 밖에 사는 생물들

많은 동물들이 사람들 가까이에 살고 있어요. 하지만 마을이나 길가를 돌아다니는 동물들이 모두 사람에게 길들여진 것은 아니에요.

전염병을 퍼뜨리는 쥐

곰쥐는 배를 타고 바다를 건너 전 세계로 퍼졌어요. 지금은 사람들이 사는 곳 어디에든 곰쥐를 볼 수 있지요. 곰쥐는 특히 어둡고 퀴퀴한 하수구를 좋아해요.

곰쥐

마을에 사는 여우

여우는 사람이 많이 살지 않고 숲이 가까운 마을을 좋아해요. 하지만 건물이 많은 곳에서도 살아남을 수 있어요.

새끼와 같이 있는 붉은여우

붉은여우는 북극 툰드라에 살지만 도시에서 살기도 해요.

가면 쓴 도둑

미국너구리는 조그만 앞발을 사용해서 쓰레기통을 뒤져요. 미국너구리는 플라스틱이나 종이로 된 상자도 열 수 있고 병뚜껑도 딸 수 있지요.

미국너구리는 눈 주위의 털이 새까매서 마치 가면을 쓰고 있는 것처럼 보여요.

미국너구리

곰쥐는 사람들에게 아주 엄청난 일을 저지른 적이 있어요. 과연 어떤 사건이었을까요?

집 밖에 사는 생물들

쓰레기는 맛있어!
갈매기들은 쓰레기 더미를 좋아해요. 상한 음식으로 가득찬 쓰레기 속에서는 파리 애벌레인 구더기가 아주 잘 자라거든요.

쥐들은 못 먹는 것이 거의 없어요.

질기게 사는 식물들
잡초는 사람들이 반갑게 여기지 않는 식물들이에요. 사람들은 농작물이나 보기 좋은 꽃을 심기 위해 잡초를 뽑아요.

 우엉은 씨앗의 껍질에 작은 가시들이 돋아 있어요. 그래서 동물의 털에 찰싹 달라붙어 다른 곳으로 퍼질 수 있지요.

 알래스카에서 흔히 볼 수 있는 분홍바늘꽃은 불이 난 장소에서 빨리 자라요.

 잎이 톱니처럼 생긴 쐐기풀은 쓸모가 많은 풀이에요. 하지만 너무 많이 자라면 골칫거리가 돼요.

집비둘기

성가신 비둘기
비둘기는 도시에서 흔히 볼 수 있어요. 비둘기의 조상인 양비둘기는 원래 바닷가 절벽에 둥지를 짓고 살았지요.

도시의 무법자
알래스카의 도시 앵커리지에는 1,000마리가 넘는 말코손바닥사슴이 살아요. 이들은 사람들이 가꾼 정원을 망치거나 길에 뛰어들어서 사고를 일으켜요.

작은 정원
사람들은 집을 꾸미려고 식물을 심어요. 그러면 이 작은 서식지에 벌과 나비 들이 날아들지요.

벌과 나비는 식물의 꽃가루를 멀리 퍼뜨려 줘요.

말코손바닥사슴이 갑자기 길에 나타나면 무척 위험해요.

사슴 조심!

1300년대 유럽에서는 공공장소 기둥에 설치된 사람들이 비둘기를 잡아먹기도 했어요.

농촌과 도시

집 안에 사는 생물들

집 안에는 사람들만 살고 있을까요? 조금만 생각해 보면 집 안에는 다른 동물들도 살고 있다는 걸 알게 돼요. 그것도 생각보다 아주 많이요!

창고에 사는 동물
흑거미는 마룻바닥 아래 어두운 곳에서 살아요. 흑거미는 독을 갖고 있어서 물리면 아프고 근육이 뻣뻣해져요.

흑거미는 북아메리카에서 가장 위험한 거미예요.

흑거미

먼지 안에 사는 동물
먼지진드기는 집 안 곳곳에서 살고 있어요. 눈에 보이지 않을 정도로 작은 이 동물은 우리 피부에서 떨어지는 각질을 먹고 살아요.

밀가루 속에 사는 동물
거저리는 밀가루 봉지나 쌀통 속으로 재주껏 들어가서 알을 낳아요. 시간이 지나면 벌레들이 깨어나 꿈틀꿈틀 기어 다니지요.

거짓쌀도둑거저리 애벌레   거짓쌀도둑거저리

생쥐

찍찍, 이게 무슨 소리지?
생쥐는 부엌 아래 마룻바닥에 숨어 있다가 조용해지면 살그머니 밖으로 나와요. 그러고는 찬장이나 식탁에 떨어진 음식 찌꺼기를 주워 먹어요.

바퀴는 머리가 잘리면 바로 죽나요?

집 안에 사는 생물들

지붕 밑에 사는 동물
말벌에 쏘이면 굉장히 아파요. 어떤 말벌은 다락방이나 나무로 된 지붕 바로 밑에 둥지를 짓고 5,000마리나 모여 살아요.

말벌

말벌 둥지

궐련벌레

나무에서 사는 동물
궐련벌레 애벌레는 야생에서 죽은 나무를 먹고 살아요. 집 안에서는 나무로 된 마룻바닥이나 기둥을 갉아 먹지요.

궐련벌레 애벌레

궐련벌레 애벌레가 끊임없이 구멍을 내면 나무 기둥이 무너질 수도 있어요.

집에서 볼 수 있는 동물들
전 세계의 집에는 많은 동물들이 살고 있어요. 어떤 동물들이 살고 있는지 함께 살펴볼까요?

 옷좀나방 애벌레는 옷장 속에서 동물의 털로 만든 외투를 먹으며 살아요.

 빈대는 침대에 붙어 있다가 밤이 되면 우리의 피를 실컷 빨아 먹어요.

 좀벌레는 종이 상자나 종이봉투 등을 먹고 살아요.

 뭐든지 먹어 치우는 바퀴는 따뜻하고 축축한 곳을 좋아해요.

 수시렁이 애벌레는 양탄자에 살면서 양털을 먹어요.

 각다귀라고 불리는 꾸정모기도 종종 집에 들어와요. 모기랑 비슷하게 생겼지만 크기가 더 크지요.

 동남아시아에서는 도마뱀붙이가 집에 들어오면 좋아해요. 집에 사는 해로운 곤충이나 거미를 잡아먹기 때문이에요.

 책벌레는 종이를 먹는다고 붙은 이름이에요. 책뿐만 아니라 밀가루 같은 것도 책벌레가 좋아하는 음식이지요.

집파리
집파리는 음식에 침을 묻혀서 걸쭉하게 만든 다음 주둥이로 빨아 먹어요.

집파리

집파리는 발끝으로 맛을 보아요.

아시나요? 바퀴는 머리가 없이도 일주일 넘게 살 수 있어요.

찾아보기

ㄱ
가시도마뱀 65
가위개미 38
가지뿔영양 51
각다귀 123
갈라고원숭이 41
갈매기 100, 118, 121
갈퀴덩굴 49
강꼬치고기 89
개개비 85
개구리 36-37, 90
개구리밥 85
개미귀신 65
개미벌 72
개미핥기 57
갯민숭달팽이 103
거머리 88
거저리 122
거품벌레 애벌레 59
검독수리 81
검은발족제비 52
검정코뿔소 51
게 99
게레누크 51

게잡이바다표범 15
게잡이원숭이 117
겔라다개코원숭이 77
겨울잠쥐 26
고릴라 35
고슴도치 20
골리앗개구리 37
골리앗거미 39
골리앗꽃무지 39
구멍파기올빼미 55
구즈리 23
굼벵이무족도마뱀 59
궐련벌레 123
귀뚜라미 55
금불초 58
기린 47
기린벌레 38
긴팔원숭이 33
꼬리감는원숭이 33
꽃게거미 58
끈끈이주걱 92

ㄴ
나그네알바트로스 15
나그네쥐 11
나무고사리 29
나무타기캥거루 33
나방 40, 71
나비 27, 34, 38, 39, 45
낙타 64-65
날개구리 36
날도래 애벌레 86, 91
날도마뱀 33
날뱀 33
남극좀새풀 15
남방코끼리바다표범 15

너구리판다 81
노랑속눈썹살모사 41
노래기 21
노미옥 67

붉은부리까마귀 77
누 50-51
눈알무늬방아벌레 39
눈토끼 12
눈표범 80
늑대 23

ㄷ
다시마 99
달링토니아 92
담자리꽃나무 12
담쟁이덩굴 26
대나무 28, 81
대벌레 39
대추야자 68
데이지 58
도끼고기 107
도로경주뻐꾸기 72

찾아보기

도롱뇽 21, 69
도마뱀붙이 70, 123
독화살개구리 37

돌고래 42, 112-113
동굴가재 79
동굴거미 78
두더지 58, 64
디기탈리스 17
딱따구리 19, 60, 72
땅거북 64, 73
땅다람쥐 55
땅돼지 54

ㄹ

라마 82
라플레시아 34
레아 50

ㅁ

마운틴고릴라 35, 76
마코앵무 33
만병초 81
말뚝망둥어 116
말벌 123
말코손바닥사슴 23, 121

매너티 94
맹그로브 116-117
먹이사슬 19, 86
먹장어 109
먼지진드기 122
메기 43, 88
메뚜기 55, 68
멧밭쥐 59
모기 12, 39, 95
모래다이빙도마뱀 65
모래쥐 64
무태상어 114
문닫이거미 64
물거미 91
물뒤쥐 84
물밤나무 40
물방개 91
물벌레 91
물수리 89
물이끼 92
물총새 87
미국너구리 120
미나리아재비 58
민들레 58-59
민태 109
밀 49

ㅂ

바닐라 35
바다뱀 114
바다코끼리 111
바다표범 15, 110-111
바실리스크이구아나 43
바오밥나무 49
바퀴 79, 123
박각시 71

박쥐 40, 71, 78, 79
박쥐귀여우 70
발광어 107
백리향 77
백상아리 114
뱀 41, 55, 62, 65, 71, 73, 79
버섯 4, 24-25, 40
버지니아주머니쥐 53
벌레잡이 식물 92
벌레잡이통풀 44
벌새 83
범의귀 77
벼 49
보아뱀 35
복어 104
부레옥잠 88
북극곰 8, 10
북극여우 11
불가사리 100, 101, 114
불곰 87
붉은꼬리뱀 79
붉은여우 19, 120
브로멜리아드 32

125

찾아보기

비둘기 121
비버 86
빈대 123
빙어 110
뿔방울뱀 65

ㅅ

사마귀 38
사막여우 64
사슴벌레 21
사자 46, 52, 74
사철쑥더부살이 21
사탕수수 49
사향소 10
사향아욱 58
산까치 51
산호충 102
삼나무 22
삿갓조개 99
상자해파리 114
새앙토끼 81
생강 35
생쥐 59, 122
서부산호뱀 71

서양호랑가시나무 26
선인장 63, 66, 72-73
소나무뱀 55
솔나물 58
솔잣새 22
솔체꽃 58
쇠돌고래 113
쇠콘도르 64
수달 43
수련 85, 91
수마트라코뿔소 44
수박 67
수시렁이 애벌레 123
순록 13
스프링복 51
실고기 105
심해새우 107
쏠배감펭 105

ㅇ

아귀 106-107
아까시나무 49
아나콘다 43
아르마딜로 42-43
아시아흑곰 80
아이벡스 77
아틀라스나방 40
아프리카페어 61
악어 69, 117
악어거북 89
안경곰 83
안경원숭이 45

안데스콘도르 83
알락꼬리고양이 73
알바트로스 15
알프스마멋 76
알프스초롱꽃 77
앵초 58
야자집게 34
얼룩말 46, 51
엉겅퀴 58
에델바이스 77
에뮤 50
에인젤피시 102
여우원숭이 33
엽록소 19

영원 91
오랑우탄 30, 33, 44
오실롯 41
오징어 106
옥수수 49
옷좀나방 애벌레 123
왕연어 87
용설란 66
웅크린가재 109
월귤나무 12
웜뱃 54
유럽울새 26
유리개구리 37
유칼립투스 29
이끼 18, 20 86
일본원숭이 33
임팔라 60

126

찾아보기

ㅈ

자이언트판다 28
자주바위떡풀 11
잠자리 89, 91
잡초 58, 121
장수거북 104
쟁기발두꺼비 68
전갈 70
조류 96
족제비 16
좀벌레 123
종유석 78
주머니쥐 53
줄무늬몽구스 55
쥐 120
쥐며느리 21
쥐손이풀 58
지렁이 20
집파리 123

ㅊ

착생 식물 32
참억새 95
책벌레 123
천산갑 44
청자고둥 114
초콜릿 35
치타 52
칠레소나무 29

ㅋ

카멜레온 35
카이만 93
캘리포니아잎코박쥐 71
캥거루 64
코끼리 61
코끼리발나무 67

코뿔소 50-51
코알라 29
코요테 70
크릴새우 111
큰가시고기 90
큰고랭이 85, 89
큰긴팔원숭이 33
큰니고기 106
큰아비 89
키위 28

ㅌ

타란툴라 39, 71
타조 50-51
털게 102, 104
토끼 54
토끼풀 58
톡토기 15
톰슨가젤 51
투구새우 69
통쏠치 105

ㅍ

파리지옥 92
페커리 73
펭귄 10, 14-15, 110-111
표범 44, 52
표범상어 105
풍선뱀장어 108-109
퓨마 74
프레리도그 55
플랑크톤 96
피라니아 42

ㅎ

하늘다람쥐 28
하이에나 53
해삼 103
해파리 104, 114
향고래 106, 112
호밀 49
호저 22
혹등고래 112
혹멧돼지 60
홍합 101
황새 61, 93
황새풀 12
회색다람쥐 18
회전초 67
흑거미 122
흑곰 80
흙파는쥐 55
흡혈박쥐 40
흰개미 55, 56-57
흰꼬리수리 12
흰담비 26
흰배윗수염박쥐 79
흰올빼미 11
흰코뿔소 50

127

Picture credits

The publisher would like to thank the following for their kind permission to reproduce their photographs:

(Key: a-above; b-below/bottom; c-centre; f-far; l-left; r-right; t-top)

Alamy Images: Oote Boe 118-119; Rachael Bowes 57bl; Nigel Cattlin 123l (Booklice); Danita Delimont 72l, 72br; James Osmond 119t; Pictorial Press 69crb; Kevin Schafer 43br; James D. Watt 97cr; Gunter Ziesler 57br; **Bryan and Cherry Alexander Photography:** 11cr, 12bc, 13tr, 13br; **Ardea.com:** Brian Bevan 16l, 17cr; Jean-Paul Ferrero 44cr; Bob Gibbons 100tl; Jean Michel Labat 46bc; Stefan Meyers 86clb; Ron & Valerie Taylor 104cl; Zdenek Tunka 87bc, cl; M. Watson 23tr; **Bat Conservation International:** Merlin D. Tuttle 71; **Steve Bloom/ stevebloom.com:** 93cl, tl; Corbis: Theo Allofs 98cb; Craig Aurness 119crb, 121bl; B.S.P.I 102tr; Anthony Bannister 123l (Bed bug); Tom Brakefield 51fcrb; Suzanne Brookens 56t, 57c; Ralph A. Clevenger 9t; Brandon D. Cole 97bc (Hagfish), 109cl; W. Perry Conway 55tl; Peter McDiarmud/Reuters 39fcrb (stick insect); Douglas Faulkner 94bc; Michael & Patricia Fogden 24br, 33bc; D. Robert & Lorri Franz 52bl; Farrell Grahan 94c; (Springbok), Martin Harvey 51fcr, 54bl; Hal Horwitz 67cra (Bristlecone); George H. H. Huey 67cra (Creosote); Gallo Images 33c, 56tl; Gavriel Jecan 47br, 51; Peter Johnson 12cr, 51br, 57tr, 60bl, 61cla; Frans Lanting 42tr; George D. Lepp 65cr; Joe Macdonald 51fcr (Pronghorn), 53tr; George McCarthy 24tr; David Muench 62cla, 95l; Carl & Ann Purcell 95tr; Jeffrey L. Rotman 50cr; Gallen Rowen 9tr, 15tl; Kevin Schafer 34cr, 51cl; Paul A. Souders 6bl, 48-49; Kennan Ward 11tr; Chad Weckler 49tr; Ralph White 108-109b, 109tr; Tony Wilson-Bligh / Papilio 7fcrb; Winfred Wisniewski/FLPA 14cl; Michael de Young 10tl, 66, 81br, 87cra,103cra; **DK Images:** Philip Dowell 64-65; Natural History Museum 30ca, 45tl; Jerry Young 20, 23tc/1, 23tc/2, 31tr, 36bc, 41br, 73tl; 9br; **FLPA - images of nature:** Thomas Mangelsen/Minden Pictures 26cb; Gerry Ellis/Minden Pictures 22c, 73bl; Danny Ellinger/Photo Natura 73br; Michael & Patricia Fogden/Minden Pictures 37c (Rain Frog), 40tl, 40bl; 41l; Slivestris Fotoservice 30bl; Mitsuhiko Imamori 38br; Heidi & Hans Juergen-Kochs 42-43b; Frans Lanting/ Minden Pictures 28-29, 35br, 44bl; 82tl; Flip Nicklin/Minden Pictures 42l; Mark Moffett/Minden Pictures 21bc; Tui De Roy/Minden Pictures 29br, 74-75, 80-81; Jurgen & Christine Sohns 80br, 81tl; Albert Visage 31cra, 34bl; Terry Whittaker 44ca; Konrad Wothe/Minden Pictures 77cr; Norbert Wu/Minden Pictures 97bc, 106br, 107bc, 108-109; **Getty Images:** 121cr; Aquavision 102br; Daryl Balfour 48cr; Gary Bell 18; Peter Bisset 94tl; Tom Brakefield 45bl; Ian Cartwright 75bl; John Chard 62-63; Stuart Cohen 75crb; Daniel J. Cox 35tr; Paolo Curto 112cb; Siegfried Eigstler 58-59b; Timothy Hearsum 72-73; Gerald Hind 53; Steven Hunt 97fcr, 104tl; Jeff Hunter 102; Russell Illig 75c; Panoramic Images 61tl; Lonny Kalfus 1l ; Michael Kelley 87tl; Frank Lemmens 6tl, 68-69; David de Lossy 76cb; Alan Majchrowicz 27tr; Margaret Mead 37tr; Jeff Mermelstein 121t; Marvin E. Newman 94bl; Michael K. Nichols 75br, 76bl; Paul Nicklen 8b, 97fcra, 111r, 128b; Joseph Van Os 15bl, 27bl, 28c, 52cl; Ben Osbourne 15br; Yoshio Otsuka 49; Michael S. Quinton 89crb; Norbert Rosing 16, 111cl; Jeff Rotman 105; Rubberball 76bc; Brian J. Skerry 110; Stockbyte 96; Stephen Studd 17crb, 18cr; Keren Su 27br; Harald Sund 4cla, 22l; Medford Taylor 116tl, 117tr; Roy Toft 23cl, 23br; Stuart Westmoreland 103tl; Art Wolfe 9cr, 14br, 15tc, 15tr, 52tr; Jeremy Woodhouse 70bl; Paul A. Zahl 107br; **Image Quest Marine:** 107tc, tr; **Magnum:** Paolo Pellegrin 115bl; **N.H.P.A.:** 60-61b, 67tc; Anthony Bannister 54tr; Bill Coster 27tl; Stephen Dalton 36c, 84clb; Jeff Goodman 50br; Martin Harvey 50l,115r; Brian Hawkes 97tl; Adrian Hepworth 30-31; Daniel Heuclin 37c (Surinam Toad), 37tl, 61tr; T. Kitchin & V. Hurst 74b; Hellio Van Ingen 11br; Michael Leach 118bl; A.N.T. Photo Library 28tr, 37c (Gastric brooding frog); Lutra 88bl; Kevin Schafer 73; **Natural Visions:** Heather Angel 21c, 21clb; Richard Coomber 60c; **Nature Picture Library:** 71r; Pete Cairns 89ca; Adrian Davies 91br; Jurgen Freund 116c, 117tl; Barry Mansell 79cla; Anup Shah 117bl, 117br; David Shale 107c; **Photolibrary.com:** Doug Allan 110b; Kathie Atkinson 63tr, 65br; IFA Bilderteam 77tc; Michael Fogden 64tr, 64cb, 65bc; Nick Gordon 40cl; Rodger Jackman 63bl, 68cra, 68c; Mark Jones 83cla; Brian Kenney 70br; Scripps Inst. Oceanography 109br; OSF 96bc; **Planetary Visions:** 4-5c; **Science Photo Library:** 25fcl; British Antarctic Survey 9br, 15cr; B. Murton / Southampton Oceanography Centre 108l; Kenneth Librecht 14tl; Tom McHugh 55bl; David Scharf 119fcrb, 123l (Carpet beetle); Eye of Science 49cr; Sheila Terry 102c; **Seapics.com:** 97cr (whale), 97fbr, 97fbr (squid), 103c, 106tr, 106cl, 106c, 106bl, 112t, 112cl, 112bc, 113l, 113br, 114bl, 114br, 115tl; **Still Pictures:** C. Allan Morgan 39fcrb (click beetle); Michael Sewell 39clb; **Zefa Visual Media:** Winfried Wisniewski 51fcrb (Gazelle)

All other images © Dorling Kindersley
For further information see: www.dkimages.com

Acknowledgements

Dorling Kindersley would like to thank: Ian Sherratt for production assistance, Rose Horridge, Claire Bowers, Martin Copeland and Rob Nunn from the DK picture library, Helen Stallion for additional picture research, Gemma Fletcher for design assistance, and Lorrie Mack and Fleur Star for proof-reading.